Impressum

Copyright: Franziska Mendes
Jahr: 2020// Überarbeitet September 2021

ISBN: 9789403611839

Lektorat/ Korrektorat: Franziska Mendes
Covergestaltung: Franziska Mendes
Kontakt: Franziska.Mendes.Book@gmail.com
www.franziskamendes.mozello.ch

Veröffentlicht über Bookmundo
Gedruckt in Deutschland

EIGENTLICH

Ausschnitte aus meinem Leben mit schwerer Depression und die Zeit davor

Teil 3

--- Trigger-Warnung! ACHTUNG: Suizid! ---

--- In Kapitel 7 erzähle ich in diesem Buch Teil 3, dass sich mein Bruder das Leben nahm. Bitte beachten. Ansonsten einfach zu Kapitel 8 übergehen. ---

Ausschnitte aus meinem Leben mit schwerer Depression.
Wahre Ereignisse aus meinem echten Leben.

Echte Gefühle, echte Gedanken, echte Probleme,
echte Herausforderungen, echte Momente, echte Personen.
Eine ECHTE Krankheit.

Erzählt aus meiner Sicht.

Franziska Mendes

EIGENTLICH

Ausschnitte aus meinem Leben mit schwerer Depression und die Zeit davor

Teil 3

Kapitelübersicht

1. Wie ich meinen Mann kennengelernt habe

Es ist immer etwa das Gleiche. Ich versuche, ich kämpfe, ich hoffe und ich warte. Und ich bin depressiv. Ach, das bin ich nun schon so lange. Mittlerweile ist es über zehn Jahre her, dass ich das erste Mal an einer Depression erkrankt war. Damals war es, so vermuten ich und meine Psychiater, eine Erschöpfungsdepression. Seit dieser Erkrankung durchlebe ich nun immer wieder verschiedene depressive Phasen. Einmal sind es schwere Episoden, in denen ich nicht arbeiten kann und auch den Haushalt nicht erledigen kann. Dann wiederum durchlebe ich die etwas weniger heftigen Episoden, die mittelgradigen Depressionsphasen, in denen ich teilweise sogar arbeiten gehen kann. Aber die psychische Erkrankung ging in den zehn Jahren nie wirklich weg. Die letzten etwa drei Jahre waren von einer langen schweren Episode geprägt, in der ich fast nichts hingekriegt hatte. Das war und ist immer noch eine schwierige Zeit für mich. Aber eine der schwierigsten Zeiten war wohl die Lebensphase, welche überhaupt zu meiner Erschöpfungsdepression geführt hatte. Aber um dies alles genauer zu erklären, muss ich ziemlich weit ausholen. Ich beginne wohl am besten einmal in der Zeit, in der ich zwar die Ausbildung und mein Wirtschaftsdiplom absolviert hatte, aber noch keine Ahnung hatte, was ich in Zukunft machen sollte.

Ich habe nun also mit 19 Jahren meine kaufmännische Ausbildung abgeschlossen und somit keinerlei Verpflichtungen. Also entscheide ich mit meiner damals besten Freundin aus der Ausbildung, dass wir für ein paar Tage nach London reisen. Die Stadt gefällt mir sehr gut. Es ist alles so aufregend und interessant. Die Leute kommen aus allen Kulturen auf engem Raum zusammen. Gerne spreche ich dort mit verschiedenen Personen. An einem Abend treffen wir dann einen jungen Herrn, mit dem wir lange reden. Er fragt, was ich denn so mache zuhause und ich antworte ihm, dass ich momentan noch nicht wisse, was ich tun soll. Und irgendwie bringt er mich dann auf die Idee, zuerst einmal meine Englischkenntnisse aufzubessern, bevor ich dann zuhause in einem Büro arbeiten würde. Ich könne bei ihm wohnen, da er ein leeres Zimmer in seiner Wohnung, welche er noch mit seinem Onkel teile, habe. Jedenfalls sei jemand vor einem Monat ausgezogen und er könne das Zimmer gerne für mich freihalten, wenn ich möchte. Ich könne da während meines ganzen Sprachaufenthaltes wohnen, und zwar kostenlos. Ich müsse nur für das Essen etwas hinzugeben, wenn ich mit ihnen essen wolle.

Und so kommt es dann auch. Ich plane einen dreimonatigen Sprachaufenthalt in London. Und ich entscheide mich dafür, bei ihm und seinem Onkel zu wohnen. Ich reise also nach London und ziehe in das leere Zimmer dieser Wohnung. Es scheint alles absolut perfekt. Ich wohne dort zwar eine ziemliche Strecke mit der U-Bahn von der Schule entfernt, aber es ist okay. In London ist sowieso alles immer irgendwie weit weg. Der Schulstart funktioniert ohne Probleme, das Wohnen ist anfangs auch perfekt. Doch dann kommt, was niemand ahnen konnte. Schon nach ein paar Tagen beginnt der Onkel, mich zu belästigen. Er fragt mich ständig, ob ich nicht mit ihm in die Disco oder eine Bar kommen wolle. Ich verneine dies immer wieder. Tagsüber bin ich in der Sprachschule und wenn ich zurück zu der Unterkunft komme, muss ich mich ständig gegen diese Anmache wehren. Jedenfalls kommt es dann durch meine Ablehnung schon nach ein paar Wochen dazu, dass ich abends spät vor die Tür gestellt werde. Eigentlich hätte ich vermutlich mit so etwas rechnen müssen. Eigentlich hätte ich vermutlich wissen müssen, welche Risiken damit verbunden sind. Eigentlich hätte ich solch ein Risiko vermutlich gar nie eingehen sollen. Aber das habe ich. Damals, jung und unerschrocken, auf Erlebnisse aus.

Es ist Herbst, es ist schon recht kühl draussen und es ist schon stockdunkel. Und nun stehe ich da draussen vor der Unterkunft, meine Schultasche in der einen Hand, den Koffer an der anderen. Was soll ich nur tun? Wo soll ich hin? Ist mir das jetzt soeben wirklich passiert? Ich sollte doch für drei Monate in dieser Unterkunft unterkommen. Und nun stehe ich nach ein paar Wochen auf der Strasse. In einer Gegend von London, die ich noch nicht so ganz kenne. Und das alles in der Dunkelheit, mit meinem ganzen Gepäck und mit nur wenig Geld, da ich ja kein Geld für ein Hotel oder Sonstiges eingerechnet hatte. Und leider war mein Bankkartenlimit beschränkt. Ich hatte ja nicht vor, das ganze Essensgeld oder so direkt in den ersten Wochen durchzubringen. Ich hatte eigentlich alles ziemlich gut durchgeplant und meine finanzielle Situation gut durchgerechnet und mein Kartenlimit an meinen geplanten Verbrauch angepasst. Aber nun kann ich nicht mehr kostenlos in der Wohnung sein. Das kann ja heiter werden.

Ich suche also die nächste U-Bahn-Station auf und bin froh, dass diese wenigstens um diese Zeit noch fährt. Ich fahre mit der U-Bahn zu der Station 'Paddington', da ich weiss, dass es dort einige Hotels hat. Ich gehe von einem Hotel zum nächsten, aber bis jetzt haben alle Hotels keine Zimmer mehr frei. Sie erklären mir überall, dass wegen mehrerer Messen und sonstiger Veranstaltungen sehr viele Zimmer ausgebucht seien. Erst lange Zeit später komme ich zu einem Hotel, das noch ein einziges Zimmer zu vergeben hat. Da habe ich aber noch Glück gehabt. Ich hätte ja nicht gewusst, wohin ich denn um diese Uhrzeit mit all meinem Gepäck hätte gehen sollen. Am nächsten Morgen gehe ich zur Schule und frage dort nach, ob eine andere Unterkunft für mich gesucht werden könnte. Aber leider haben die keine Möglichkeit, mich unterzubringen, da alle anderen Familien bereits Schüler aufgenommen haben. Also muss ich noch einige Nächte in diesem sehr teuren Hotel verbringen.

Als wäre das nicht alles schon genug Stress für einen Sprachaufenthalt, wird mir dann auch noch Geld geklaut. Somit kann ich nun nur noch wenige Nächte im Hotel bleiben. Wo soll ich denn hin? Etwa in London auf der Strasse schlafen? Oder in einem Park? Was kann ich denn noch tun?

In meiner Verzweiflung rufe ich zuhause an und bitte meine Mutter, mir Geld zu überweisen. Ich würde es dann dort mit der Nummer, die sie mir bekannt gibt, abholen können. Es ist mir äusserst peinlich, meine Mutter um Geld zu bitten, ihr mitteilen zu müssen, dass alles dort nicht so richtig klappt und ihr sagen zu müssen, weshalb ich die geplante Unterkunft verlassen musste. Und dann musste ich ihr jetzt auch noch beichten, dass mir auch noch Geld gestohlen wurde. Das alles macht mich völlig fertig. Meine Nerven liegen blank. Und das Geld kann ich erst nach dem Wochenende abholen gehen. Das heisst, ich muss jetzt schauen, wie ich nochmals zwei Nächte überstehen kann. Und ich habe immer noch keinen Plan. Ich muss heute aus dem Hotel auschecken, da es bereits wieder gebucht wurde. Ich muss das Zimmer heute räumen. Und was dann? Wo soll ich dann hin? Was habe ich für Möglichkeiten, so ohne Geld?

Ich sitze also einige Stunden später, da ich aus dem Hotel auschecken musste, mit meinem Gepäck auf der Strasse. Genauer gesagt, ich sitze auf ein paar Treppenstufen am Strassenrand. Ich sitze da und mache mir Gedanken, was ich nun tun könnte. Soll ich die U-Bahn nehmen und bis ans andere Ende der Stadt zu der Schule fahren, in der ich den Sprachkurs mache? Wird denn da überhaupt jemand anwesend sein über das Wochenende? Oder soll ich im Park übernachten? Oder soll ich nun den ganzen Sprachaufenthalt abbrechen und alles hinschmeissen? Soll ich wirklich aufgeben?

Mir scheint man meine Verzweiflung anzusehen. Einige Leute spazieren an mir vorbei und schauen mich merkwürdig an. Das ist in dieser Stadt sehr seltsam, denn meistens interessiert es niemanden, was die anderen tun. Dann bleibt ein junger Herr bei mir stehen und fragt mich, was ich denn hier mit dem Gepäck mache. Er nimmt an, dass ich vermutlich auf ein Taxi warte. Aber dazu wäre ich hier am falschen Ort, denn der offizielle Taxi-Stand ist gleich eine Querstrasse weiter. Entsprechend würden keine Taxis bei mir halten, auch wenn ich sie zu mir herwinken würde.

Als ich dem jungen Typ dann erzähle, dass ich gerade nicht wisse, was ich tun soll, zeigt er mir Verständnis und Mitleid. Jedenfalls unterhalten wir uns dann über alles Mögliche. Auch darüber, wo er herkommt, wo ich herkomme, wie lange er schon in London lebt und so weiter. Wir reden sehr lange miteinander. Dann meint er zu mir, er könnte mir anbieten, dass ich in seiner Wohngemeinschaft einige wenige Nächte verbringen könnte. Er hätte eigentlich gerade ein Zimmer zu vermieten, aber das natürlich nur gegen Bezahlung. Aber wenn ich kein Geld hätte, könnte ich einfach ein paar Tage kostenlos dortbleiben. Ich könne ja dann zahlen, wenn ich das Geld meiner Mutter habe.

Ich antworte ihm, dass ich nicht recht wisse, ob das eine gute Idee sei. Schliesslich kenne ich diesen Typ erst seit mittlerweile einer Stunde. Auch erkläre ich ihm, was mir mit dem anderen Typ und dessen Onkel soeben passiert war. Daraufhin kam eine Reaktion, mit der ich gar nicht gerechnet hätte. Schliesslich war ich in einer riesigen Metropole unterwegs. Momentan war ich von dessen Wohnung aus gesehen am anderen Ende der Stadt. Aber nun sagt er zu mir, dass er diesen Typ und dessen Onkel kenne. Was? Kann das sein? Ist die Welt so klein? Tatsächlich kennt er den Typ, dessen Onkel und weiss auch genau, wo er wohnt. Er sagt mir, dass der Typ eigentlich völlig okay sei, aber dass er über dessen Onkel schon einige merkwürdige Geschichten gehört hätte. Zufälle gibt es. Ich konnte es fast nicht glauben, dass ich da auf der Strasse von jemandem angesprochen werde, der den anderen auch kennt. Aber es gibt tatsächlich solche Zufälle. Ich hatte auch später einmal im Park eine junge Dame getroffen, die gehört hatte, dass ich am Telefon Schweizerdeutsch sprach. Sie hatte mich daraufhin angesprochen und wir fanden heraus, dass wir beide mit dem gleichen Kollegen befreundet waren. Ja, die Welt ist teilweise schon klein, irgendwie.

Jedenfalls zurück zu der Treppe am Strassenrand. Er scheint zu verstehen, dass ich mich noch nicht entscheiden kann. Vermutlich hoffe ich insgeheim, dass ich noch eine vernünftigere Lösung finden würde. Vermutlich warte ich noch auf einen Gedankenblitz oder ein Wunder. Jedenfalls kann ich mich noch nicht dafür entscheiden, mit ihm mitzugehen. Also sitzen wir noch eine ganze Zeit lang bei dieser Treppe und unterhalten uns weiter.

Dann kommt eine Gruppe junger Männer die Strasse entlang auf uns zu. Sie scheinen meinen Gesprächspartner zu kennen. Er stellt mich denen vor und dann unterhalten wir uns alle in der Gruppe weiter. Ich bemerke langsam, dass diese Jungs ganz okay sind. Sie scheinen den Typ und seinen Onkel auch zu kennen. Verrückt. Einer von ihnen erzählt mir, dass seine Freundin auch aus der Schweiz sei. Dann nennt er mir auch gleich die Ortschaft, wo sie herkommt, damit ich ihm glaube. Er erklärt mir, wie lange seine Freundin schon in London wohnt und wie lange sie schon zusammen sind. Diese Gespräche dort bei der Treppe beruhigen mich. Und ich fasse langsam eine Art Vertrauen zu den Jungs. Ich erinnere mich nun langsam wieder daran, dass ich eigentlich entscheiden sollte, wo ich die Nacht unterkommen soll. Und so kommt es, wie es irgendwie kommen musste. Ich nahm das Angebot an und ging mit dem jungen Typ in seine Wohngemeinschaft, wo ich das leere Zimmer beziehen könne.

Eigentlich hätte nun alles in Ordnung sein können. Aber da angekommen, meint der Typ dann zu mir, dass er eigentlich kein leeres Zimmer habe, wie er gesagt hatte, aber ich könne gerne bei ihm im Zimmer schlafen. Oh, da hat er wohl etwas anderes erwartet. Ich fühle mich ziemlich mies behandelt von ihm, erkläre ihm, dass ich nichts von ihm will, nehme mein Gepäck und will eigentlich so schnell wie möglich aus der Wohnung. Da kommen zwei seiner Mitbewohner herein. Sie stellen sich mir nicht vor, sondern marschieren direkt an mir vorbei zu dem Typ, der mich eingeladen hatte. Sie fragen ihn, was das soll, weshalb ich so laut rumschreie und was er getan habe. Sie sprechen, so vermute ich zu dem Zeitpunkt, wohl ein merkwürdiges Spanisch oder vielleicht Portugiesisch. Ich hatte zwar in der Schule einmal für ganz kurze Zeit Spanischunterricht, aber sprechen kann ich diese Sprache nicht wirklich. Aber irgendwie verstehe ich einen grossen Teil des Gespräches, vermutlich vom Französischen her oder vielleicht auch von den Gestiken her. Sie hatten, wie ich später dann erfahren hatte, Kreol gesprochen, eine Spache, die in dem kleinen westafrikanischen Land gesprochen wird, in dem die Jungs aufgewachsen sind. Die Amtssprache dort ist Portugiesisch, da das Land früher eine portugiesische Kolonie war. Man kann es sich so vorstellen, dass sich Kreol im Verhältnis zu Portugiesisch etwa so verhält wie Schweizerdeutsch zu Schriftdeutsch. Jedenfalls kann ich, obwohl sie eben Kreol sprechen, gut erkennen, dass diese zwei Männer dem Typ immer mehr die Hölle heiss machen.

Dann sprechen sie auf einmal Englisch, was ich natürlich verstehe. Da wird es mir noch klarer, was sie sagen und ich bemerke, dass ich mit dem, was ich verstanden hatte, richtig lag. Nun gehen die drei Herren auseinander. Einer verzieht sich nun mit grimmiger Stimmung in sein Zimmer. Er scheint empört zu sein darüber, was er gerade gehört hatte. Der Typ und der andere Mitbewohner erklären mir dann, dass es dem Typ leidtue. Er hätte es eigentlich nicht so gemeint. Er stehe natürlich zu seinem Wort. Ich könne in deren Wohnzimmer auf dem Sofa übernachten. Tags darauf würde einer von der Wohnung dann ein Apartment an mich vermitteln, welches erst eine Woche später zu bezahlen sei, was für mich natürlich sehr gut klingt, da ich bis dahin das Geld meiner Mutter haben werde.

Ich bin sehr froh, dass diese zwei Männer nach Hause in die Wohnung gekommen waren und dem Typ klargemacht hatten, dass es nicht fair von ihm war, mir ein leeres Zimmer anzubieten, wenn er eigentlich was anderes wollte. Das könne er doch nicht machen. Er müsse zu seinem Wort stehen. So könne er nicht mit mir umgehen. Er müsse mir anbieten, die Nacht bei ihnen auf dem Sofa zu verbringen. Und er solle sich gefälligst zusammenreissen, sonst würden sie ihm die Meinung nochmals sagen.

Mir erklärte der andere dann, dass ich ihm vertrauen könne. Sein Kumpel hätte nun eingesehen, wie er sich verhalten müsse. Er habe ihm die Grenzen aufgezeigt und ich müsse mir keinerlei Sorgen mehr machen. Ich könne gerne auf dem Sofa übernachten.

Soll ich nun die Wohnung verlassen und auf der Strasse schlafen? Soll ich in den Park? Soll ich versuchen, in einer sehr billigen Herberge untergebracht zu werden? Dazu müsste ich wohl noch etliche Stunden durch die Stadt irren, bevor ich einen solchen Schlafplatz finden würde. Ich bin mir völlig unsicher, was ich tun soll.

Also frage ich den netten Mitbewohner, der sich für mich eingesetzt hatte, ob er die Typen auch kenne, mit denen ich vorhin auf der Strasse gesprochen hatte. Und er bestätigt mir, dass sie ursprünglich vom gleichen Land kämen wie er und seine Mitbewohner. Und er kenne auch die Schweizer Freundin des einen Kumpels.

Dann hat mich diesbezüglich wohl niemand angelogen. Das gibt mir irgendwie das Gefühl, dass ich mich doch einigermassen sicher fühlen könnte, wenn ich diese Nacht dort verbringen würde. Kein Suchen nach einem Schlafplatz mehr, sondern einfach in der Wärme bleiben und ein Dach über dem Kopf haben. Ich fühle mich auf jeden Fall wohler mit dem Gedanken. Und doch bin ich mir noch nicht sicher, ob das vielleicht doch zu gefährlich sei. Ich bin mir sehr unsicher. Und dann öffnet sich die Wohnungstür und eine Dame kommt herein, als ob sie auch hier wohnen würde. Ach, das ist die Freundin des Mannes, der sich für mich eingesetzt hatte. Sie ist mir gegenüber sehr nett und freut sich, meine Bekanntschaft zu machen. Sie erzählt von den Jungs in der Wohnung und mir wird nun völlig klar, dass diese Jungs eigentlich völlig in Ordnung sind. Nur der eine, der mich eingeladen hatte, versuche es anscheinend immer wieder, bei Frauen zu landen. Aber er sei auch ein anständiger Kerl. Er habe es versucht, aber da ich nicht in seinem Zimmer schlafen wollte, habe er etwas mürrisch reagiert und es sei ihm peinlich gewesen, als er hörte, dass ich doch noch in der Wohnung bleiben würde. Aber auch er versteht, dass ich wirklich in einer Notlage bin. Und auch er wollte und will mir ja wirklich helfen. Er erhoffte sich zwar mehr, war aber dann auch wieder ganz zahm. Er wollte, weil es ihm peinlich war, dass ich gehe. Darüber hatten die Jungs vorhin gesprochen. Sie machten ihm klar, dass dies nicht in Ordnung sei, mich einzuladen und dann hinauszuwerfen. Jedenfalls kann ich mich nun beruhigt darauf einlassen, auf dem Sofa zu schlafen und bin froh, dass sich alles zum Guten gewendet hat.

Einige Zeit später, ich komme gerade aus dem Badezimmer, steht nun im Wohnzimmer der Mitbewohner, welcher sich vorher ziemlich rasch in sein Zimmer geschlichen hatte. Ich betrete also das Wohnzimmer. Ich schaue ihn an. Er schaut mich an. Und es war um uns geschehen. Liebe auf den ersten Blick nennt man das. Das ist es. Ich hatte nie daran geglaubt. Und ich konnte mir das bis zu dem Zeitpunkt auch überhaupt nicht vorstellen. Und ich konnte auch anderen fast nicht glauben, die mir davon erzählten. Nun stehe ich aber da, schaue ihn an und bin verliebt. Und wie sich später herausstellen wird, ist es bei ihm genauso.

2. Beginn der bipolaren Erkrankung meines Bruders

Als die drei Monate meines Sprachaufenthaltes um waren, ging ich in die Schweiz zurück und war mir unsicher, ob die Beziehung zu dem Mann die Distanz überstehen würde. Ich wusste nicht, ob es vielleicht nur ein Abenteuer während des Sprachaufenthaltes war oder ob wir wirklich eine ernstere Beziehung hatten. Jedenfalls war ich sehr gespannt, wie es mit uns beiden weiter gehen würde, wenn wir so weit voneinander entfernt waren. Jedenfalls planten wir, in Verbindung zu bleiben, und trafen eigentlich für uns die Entscheidung, dass unsere Beziehung irgendwie weiter bestehen solle.

Ich reiste also zurück nach Hause. Ich freute mich, meine Familie wiederzusehen. Meine Eltern holten mich am Flughafen ab. Eigentlich war ich glücklich, sie zu sehen und von ihnen umarmt zu werden. Doch irgendwie schien alles merkwürdig. Ich hatte das Gefühl, dass mein Ankommen irgendwie nicht die Freude auslöste, die ich erwartet hatte. Eigentlich hatte ich mir mehr Freude in den Gesichtern meiner Eltern erhofft. Eigentlich dachte ich, sie wären sehr glücklich, dass ich nach drei Monaten wieder zuhause sei. Eigentlich waren sie ja auch glücklich, mich wiederzusehen. Eigentlich freuten sie sich auch über meine Ankunft. Eigentlich.

Doch schon am Flughafen, kurz nach meiner Ankunft, erklärten mir meine Eltern, weshalb sie nicht so glücklich waren. Ihre Stimmung war getrübt, das merkte ich ja bereits. Aber als mir meine Eltern erzählten, warum dies so war, war ich geschockt.

Sie erklärten mir, dass mein drei Jahre älterer Bruder in einer Klinik sei. Ich fragte, ob er denn einen Unfall gehabt hätte. Meine Eltern erklärten mir darauf hin, dass mein Bruder in einer psychiatrischen Klinik sei. Er hätte in diese Psychiatrie gebracht werden müssen, weil er einen Suizidversuch hinter sich hatte.

Was? Wo? Wie? Warum? – Ich war geschockt über das Gesagte. Ich erinnere mich noch schwach daran, dass ich nachgefragt hatte, ob sie scherzen. Obwohl ich mir natürlich ganz sicher war, dass sie niemals scherzen würden in einer solchen Sache. Aber ich konnte es irgendwie nicht glauben. Was war passiert? Und wann war das passiert? Warum hatten meine Eltern mich nicht angerufen, als es passiert war? Wieso gaben sie mir erst jetzt Bescheid? Wie ging es meinem Bruder jetzt? Konnte ich ihn besuchen? Ich hatte viele Fragen, war völlig erschrocken über das Geschehene und versuchte, irgendwie zu verstehen, was wirklich los war.

Meine Eltern sagten mir dann, dass sie gerne direkt mit mir zu meinem Bruder in die Klinik fahren würden, wenn dies für mich in Ordnung sei. Natürlich war ich dafür, meinen Bruder so rasch wie möglich zu besuchen. Also fuhren wir vom Flughafen direkt zu ihm in die Psychiatrie.

Da mein Bruder einen Selbstmordversuch hinter sich hatte, wurde er in eine geschlossene Abteilung der Psychiatrie gebracht. Dort mussten wir uns anmelden, dann wurde meine Handtasche durchsucht, dann wurde die Türe für uns aufgeschlossen und direkt hinter uns wieder abgeschlossen. Das war mein erster Kontakt mit einer psychiatrischen Einrichtung. Ich hatte vorher nur einige Filme gesehen, welche Einblicke in Psychiatrien von Hollywood zuliessen. Aber bis dahin wusste ich nicht, ob es wirklich so ähnlich aussehen würde in echten Psychiatrien, wie die Filme uns glauben liessen. Jedenfalls war ich erstaunt darüber, dass zwar die Türen direkt wieder geschlossen wurden, dass der Fahrstuhl auch nur mit Schlüssel getätigt werden konnte und dass meine Handtasche durchsucht wurde, aber genauso erstaunt war ich darüber, dass meine Hosen- und Jackentaschen gar nicht angeschaut wurden. Ja, ich konnte mir schon vorstellen, dass Angehörige vermutlich keine Gegenstände in die geschlossene Abteilung bringen würden, die gefährlich sind. Aber wieso wurden dann die Handtaschen kontrolliert? Man hätte ja eine Schere, Rasierklingen oder sonstige gefährliche Sachen in der Hosentasche hineinschmuggeln können. Das war mir völlig unklar. Aber das waren die Regeln.

Jedenfalls folgten ich und meine Eltern dem Pfleger durch die weissen, eintönigen Gänge. An den Fenstern sah man durch die dicken Eisenstäbe nach unten auf den Park. Nach der ersten Ecke trafen wir auf einen Mann, der einen Gummi-Helm anhatte. Es war ein Kopfschutz und sah aus wie die Helme, welche von Kampfsportlern getragen werden. Dieser Mann stand am Rand des Flurs, das Gesicht hatte er zur Wand gedreht und er klopfte mit seiner Stirn immer wieder gegen die Mauer. Mir tat es schon beim Zusehen weh. Mir tat dieser Mann sehr leid, der offensichtlich eine schwere psychische Störung hatte und sich wegen seiner Erkrankung selbst verletzen wollte. Ich fand es so schlimm, dass man diesem Mann nicht helfen konnte. Ich habe mich gefragt, weshalb er denn keine Medikamente oder keine nützliche Behandlung bekommen hat, damit er sich das nicht antun müsste.

Etwas weiter den Flur entlang sah ich beim Vorbeigehen in ein Zimmer, in dem ein anderer Herr an sein Bett gefesselt war. Er hatte die Arme in braunen, ledernen Schlingen neben seiner Hüfte am Bett festgebunden. Seine Beine wurden an den Fussgelenken am Bettende befestigt. Sein Blick war leer. Sein Gesicht nass, vermutlich vom Schweiss. Es schien mir so, als hätte er viele Medikamente zur Beruhigung bekommen. Er schien apathisch zu sein. Er hatte uns nicht wahrgenommen.

Vermutlich konnte er in seinem traurigen Zustand überhaupt nicht sehr viel wahrnehmen. Ich fühlte mich hilflos. Ich fühlte mich überfordert. Es nahm mich alles so sehr mit. Diese Männer taten mir so leid. Und dann kamen die Gedanken, wie es wohl meinem Bruder gehe. Ich hatte die Tränen bereits in den Augen, als ich von diesen Gedanken heimgesucht wurde. Ich machte mir riesige Sorgen, wie es meinem Bruder wohl ergehe, was sie mit ihm gemacht haben und wie er damit klarkomme.

Dann betraten wir das Zimmer meines Bruders. Ich kann mich nicht mehr erinnern, ob meine Eltern und die Pfleger auch da waren. Ich habe keine Ahnung mehr. Ich weiss nur noch, dass ich zum Bett schaute und dort meinen Bruder sah. Er lag regungslos da. Er war totenbleich. Er hatte weissen Schaum vor seinen Lippen. Seine Augenlider schienen geschwollen. Seine Augen selbst schienen nach oben gedreht zu sein, irgendwie zitternd. Seine Haut war weiss, blass und nass geschwitzt. Seine Haare klebten an seinen Schläfen. Mein Bruder schien völlig weggetreten. Ich war mir nicht sicher, ob er wach war oder schlief. Er schien nicht bemerkt zu haben, dass wir in sein Zimmer kamen. Ich brach in Tränen aus. Mehr konnte ich in dem Moment nicht tun. Ich war einfach nur wahnsinnig traurig, meinen Bruder so zu sehen. Ich konnte nicht verstehen, wieso er in diesem Zustand war. Ich konnte nicht glauben, dass es nötig war, dass er solch starke Medikamente einnehmen musste. Ich konnte nicht damit umgehen, meinen Bruder so zu sehen. Ich war völlig überfordert, sehr traurig, sehr enttäuscht, sehr wütend, sehr unglücklich und sehr verzweifelt. Ich wusste nicht, was ich tun sollte. Ich ging zu ihm hin, hielt seine Hand und flüsterte ihm zu, dass ich ihn liebe. Aber ich war mir nicht sicher, ob er es gehört oder wahrgenommen hatte. Ich war einfach sehr traurig, ihn so zu sehen. Und er tat mir so unendlich leid. Ich konnte alles einfach nicht wirklich verstehen oder begreifen. Es war, als wäre ich in einer Art Trance oder einem Albtraum. Das Ganze war ein riesiger Schock für mich. Ich konnte das Erlebte irgendwie nicht richtig fassen.

Kurz zuvor hatte ich noch die Freude, meine Eltern am Flughafen zu treffen und endlich meine Familie wieder zu sehen. Und jetzt stand ich da in einem Zimmer an einem Bett und sah meinen Bruder dermassen leiden. Ich konnte es auch immer noch nicht richtig fassen, dass er eine Woche zuvor einen Selbstmordversuch gemacht haben soll. Klar, mittlerweile verstand ich einigermassen, weshalb meine Eltern warten wollten, um es mir mitzuteilen, bis ich zurück war. Sie dachten, es sei ja eh nur noch ein paar Tage, bis ich in die Heimat zurückkehren würde und wollten mir den Aufenthalt die letzten Tage nicht durch solch eine schlechte Nachricht vermiesen. Und doch war ich irgendwie gleichzeitig auch stinksauer, dass sie mir nicht sofort Bescheid gegeben hatten, da ich sofort den nächsten Flug genommen hätte. Aber nun war es, wie es war. Ich stand dort und war völlig am Ende meiner Kräfte. Meine Gedanken konnte ich nicht einordnen. Ich wusste nicht, was passiert war. Ich wusste nicht, was mein Bruder erlebt hatte. Ich wusste nicht, wie es zu all dem gekommen war. Ich war einfach nur sehr traurig.

Einige Zeit später erklärte mir dann mein Bruder, dass er völlig überfordert gewesen war mit der Situation, in der er damals war. Er hatte an der Universität wichtige Zwischenprüfungen. Anscheinend hatte er mit seinen Kollegen etliche Nächte hindurch gelernt. Mein Bruder sagte mir, er hätte nicht selbst für sich gelernt, da er alles schon wusste, sondern hätte seinem Kollegen geholfen, damit dieser besser vorbereitet an die Prüfung gehen konnte. Jedenfalls hatte mein Bruder, der immer sehr gute Noten in der Schule hatte, die Prüfung ohne Probleme bestanden. Währenddessen kam sein Kollege, mit welchem er gelernt hatte, nicht durch die Prüfung. Dieser hatte es nicht geschafft. Mein Bruder konnte nicht damit umgehen. Er hatte sehr grosse Mühe, dass er wieder einmal, ohne zu lernen, einfach eine Prüfung bestanden hatte, während ein anderer so viele Stunden gelernt hatte und dann durchfiel. Mein Bruder fand das so unfair. Er hatte ein schlechtes Gewissen. Er konnte mit diesen Gedanken fast nicht umgehen. Es war so unbegreiflich für ihn.

Gleichzeitig hatte wohl seine Freundin sich noch von ihm getrennt, hiess es. Weiterhin mit ihr in der Wohngemeinschaft zusammenzuleben, war sehr schwierig für meinen Bruder. Diese Situation belastete ihn massiv. Und der Kollege, welcher die Prüfung nicht bestanden hatte, wohnte auch immer noch in dieser gleichen Wohngemeinschaft. Der Kollege, der durch die Prüfung fiel, war meinem Bruder überhaupt nicht böse. Ganz im Gegenteil freute er sich für meinen Bruder, dass er die Prüfung bestanden hatte. Der Kollege war einfach ziemlich enttäuscht, dass seine eigenen Bemühungen umsonst waren. Aber meinem Bruder schien das alles wohl zu viel gewesen zu sein. Deshalb, so vermutete er im Rückblick, kamen bei ihm Gedanken auf, welche ihm das Leben schwer machten. Er schien dermassen überfordert gewesen zu sein mit diesen Situationen, dass er sein Leben beenden wollte. Er wollte und er konnte nicht mehr. Seine Gedanken machten es ihm unmöglich, unter diesen Umständen weiter leben zu wollen. Seine Gedanken trieben ihn in die Situation, nicht mehr leben zu wollen. Und diesen Gedanken war er hilflos ausgeliefert.

Die Polizei und die Ärzte konnten es sich überhaupt nicht erklären, wie es sein konnte, dass mein Bruder diesen Versuch überlebt hatte. Sie meinten, er hätte eigentlich diesen Versuch nicht überleben sollen. Er habe wohl irgendwelche Kräfte mobilisiert. Jedenfalls überlebte mein Bruder. Dieser Suizidversuch hatte zum Glück nicht geklappt. Und so wurde er von der Polizei aufgegriffen und in die Psychiatrie gebracht. Unter diesen Umständen, also nach einem Selbstmordversuch, wird man von der Polizei oder dem Notfallarzt in die Psychiatrie gebracht. Dies ist dann eine sogenannte Zwangseinweisung. Eine solche Zwangseinweisung wird immer dann durchgeführt, wenn der Patient sein eigenes Leben oder das Leben von anderen Menschen gefährdet. Und ein Selbstmordversuch bedeutet ja eine Selbstgefährdung. Entsprechend wird die Person in solchen Situationen zum Eigenschutz in eine geschlossene Abteilung in einer Psychiatrie gebracht. Die Polizei zieht dann den Rat eines Psychiaters dazu und entscheidet dann mit ihm zusammen, wohin der Patient nach dem Selbstmordversuch gebracht werden soll.

Nach der Zwangseinweisung wurde mein Bruder dann in der Psychiatrie dermassen mit Medikamenten vollgestopft, dass er dann eben so elendig aussah, wie ich ihn angetroffen hatte. Ich konnte mir, wie gesagt, nicht erklären, wie es so weit kommen konnte. Mein Bruder konnte es mir auch nicht genauer erklären. Er meinte damals einfach, dass er nicht mehr leben wollte, da es ein zu grosses Leid für ihn gewesen sei. Und er hätte das Gefühl gehabt, er sei es nicht wert, weiterzuleben.

Ich hoffte dann die Tage und Wochen darauf, dass mein Bruder sich das Ganze nochmals überlegen würde und bald wieder einen Lebenssinn erkennen würde. Ich hoffte, dass sein Selbstmordversuch nur aus dem Moment heraus geschehen war, dass er aber nun wieder leben wollen würde und die schönen Dinge auch wieder sehen würde. Ich hoffte, dass seine Gedanken sich weiter und weiter vom Tod entfernen würden und er die Gedanken wieder in ein positiveres Licht bringen könnte. Man musste abwarten. Das war gar nicht einfach. Aber es blieb nichts anderes übrig, als einfach abzuwarten. Die Zeit würde es zeigen.

Die Psychiater und Pfleger der psychiatrischen Klinik erklärten uns anfangs, dass mein Bruder an einer Depression leide und vermutlich sogar einige Züge einer Schizophrenie aufzeige. Diesen Begriff 'Schizophrenie' hatte ich vorher schon gehört. Darunter verstand ich, dass ein Mensch mehrere Persönlichkeiten in sich habe und von einem Charakter unvorbereitet zum anderen wechseln konnte. Das war sehr weit gefehlt. Die Erkrankung, an welche ich dachte, wäre eine Persönlichkeitsspaltung. Aber eine Schizophrenie ist eine Erkrankung, in der hauptsächlich die Wahrnehmung der Umwelt unwirklich erscheint. Wahnvorstellungen, das Hören von Stimmen und Verfolgungswahn sind nur einige wenige Beispiele, was schizophrene Personen durchleben müssen. Aber mit den Diagnosen ist das ja so eine Sache. Anfangs, wenn psychische Probleme auftauchen, ist es sehr schwierig, genau zu definieren, welche psychischen Störungen ein Patient aufweist. Schliesslich muss ein Patient zuerst genau untersucht, befragt und beobachtet werden. Und je nach Verfassung des Patienten kann es einige Zeit dauern, bis klar wird, welche Störungen der Persönlichkeit oder der Psyche vorliegen. So wird oft zuerst einmal die Diagnose Depression gestellt. Danach kommen dann oftmals weitere Krankheitsbilder zum

Vorschein. Bei einigen Patienten kann das Jahre dauern, da sie sich dem Psychiater gegenüber lange Zeit nicht öffnen können oder selbst Themen dermassen zu verdrängen versuchen, dass sie lange nicht zum Vorschein kommen.

Jedenfalls war bei meinem Bruder nach ein paar Monaten die korrekte Diagnose bestätigt. Seine Diagnose hiess bipolare Störung, auch manische Depression oder bipolare Persönlichkeitsstörung genannt. Bei dieser Erkrankung wechseln sich depressive Phasen und manische Phasen ab. Um diese Diagnose überhaupt stellen zu können, muss ein Patient natürlich erst einmal beide Phasen durchleben. Und dann muss der Psychiater diese beiden Phasen sehen und kann erst dann erkennen, dass es sich um eine bipolare Störung handelt.

In der depressiven Phase ist man zu Tode betrübt, es fehlt einem der Antrieb und die Kraft, man benötigt sehr viel Schlaf, man ist ständig erschöpft, man empfindet keine Freude, man hat keine Lebenslust, man will nichts unternehmen, man will sich mit niemandem treffen, man will eigentlich einfach seine Ruhe haben und es fehlt einem jegliche Motivation. Man fühlt sich schrecklich. Man ist depressiv.

Aber dann gibt es bei der bipolaren Störung eben auch die manische Phase. In einer Manie fühlt man sich, als würde man am liebsten himmelhoch jauchzen. Man fühlt sich gut, eigentlich sogar viel zu gut. Man hat Kraft und Energie. Man hat Lust, was zu unternehmen oder zu erreichen. Man ist voller Freude und möchte am liebsten die Welt retten oder umarmen. Man braucht fast keinen Schlaf und fühlt sich völlig energetisch. Man fühlt sich voller Tatendrang. Man fühlt sich toll. Man denkt, man könnte alles ins Positive ändern. Man ist sehr selbstsicher, auch schon fast zu selbstsicher. Aber der Schein trügt leider.

Beide Phasen sind äusserst schwierig. Beide Phasen sind Extreme. Beide Phasen sind wahnsinnig anstrengend. Beide Phasen sind Krankheitsphasen. Man denkt vielleicht, es sei doch toll, wenn man sich manisch fühlt und gut gelaunt ist. Aber wie gesagt ist auch die manische Phase eine kranke Phase, denn sie überschreitet Grenzen, sie sprengt die Vorstellungskraft, sie ist zu extrem und sie ist sehr gefährlich. Vor allem ist sie so gefährlich, weil viele denken, dass diese Phase doch toll sei. Aber wie gesagt trügt der Schein leider.

In der depressiven Phase benötigt man Antidepressiva, welche die Stimmung anheben, damit man überhaupt etwas machen kann. Während der Manie muss man Stimmungshemmer einnehmen, damit man auf dem Boden bleibt und man etwas gedämpft ist. Nun gibt es einige Patienten, welche diese bipolare Störung haben, bei denen die depressiven und die manischen Phasen sich ziemlich regelmässig abwechseln. Einige sind beispielsweise sechs Monate depressiv und danach sechs Monate manisch. Sollte man diese Art der regelmässigen Phasen haben, kann man die Krankheit mit den jeweils korrekten Medikamenten vielleicht einigermassen kontrollieren und ausgleichen.

Mein Bruder hatte aber keine regelmässigen Phasen. Einmal war er für ein paar Wochen depressiv, dann wieder Monate lang manisch, danach wieder einige Monate depressiv, dann wenige Tage manisch und so weiter, also völlig unregelmässig und ohne jeglichen Rhythmus. Das Schwierige dabei war jeweils, die passenden Medikamente zur richtigen Zeit einzunehmen. Wie vermutlich bekannt ist, brauchen Antidepressiva einige Wochen, bis sie wirken. Wenn mein Bruder also einige Wochen depressiv war, dann Antidepressiva zur Aufhellung seiner Stimmung bekam, dann aber in die manische Phase kam, war es verheerend für ihn. Dann nahm er sozusagen in der hohen, manischen, sich gut fühlenden Phase noch ein Medikament, dass diese Manie noch mehr verstärkte, da er es eigentlich gegen die Depression bekommen hatte. Umgekehrt hatte er auch in der Depressionsphase oftmals noch die Medikamente im Körper, welche ihn eigentlich von der Manie runterbringen sollten. Und man kann sich vorstellen, wie es ist, wenn ein Depressiver ein Medikament einnimmt, das ihn noch tiefer bringt. Eine bipolare Störung ist eine sehr anstrengende psychische Krankheit.

Man könnte sich nun überlegen, wieso denn überhaupt Medikamente nötig seien. Man könnte sich sagen, dass doch jeder Mensch Hochs und Tiefs hat. Man könnte sich denken, dass dies doch zu jedem Leben und jeder Person dazugehört. Aber da ist wieder die Erklärung nötig: Deprimiert ist nicht gleich depressiv. Gut gelaunt ist nicht gleich manisch. Es kann mit einem Tief oder einem Hoch nicht verglichen werden. Es ist eine Krankheit. Beide Phasen gehören zu dieser Krankheit, respektive bilden diese Krankheit. Es ist nicht nur eine Gefühlslage, sondern eben eine psychische Erkrankung. Und die bipolare Störung erfordert bei fast allen Patienten verschiedene Medikamente. Diese Medikamente sind nötig, da beide Phasen äusserst gefährlich sein können. Mein Bruder hatte beispielsweise in der depressiven Phase teilweise das Gefühl, er könne nicht duschen gehen, da er das Wasser nicht wert sei. Oder er fühlte sich so schlecht, dass er einfach nicht mehr wollte. Oder er blieb tagelang im Bett liegen, ohne zu essen, weil er darin keinen Sinn erkennen konnte. Die Depression war bei ihm sehr ausgeprägt. Dann hatte er zusätzlich noch verschiedene Psychosen, welche in beiden Phasen der bipolaren Störung auftraten. Er hörte zum Beispiel Stimmen, er litt immer wieder an Verfolgungswahn, er hatte Todesängste, er sah Verschwörungen und einiges mehr. Er hat sich dies nicht eingebildet. Es waren keine Halluzinationen oder Einbildungen in dem Sinne. Er machte auch keine Tagträume. Es war für ihn die absolute Wirklichkeit. Sein Gehirn hatte eine etwas andere

Aktivität, was das limbische System anbelangt. Die Botenstoffe seines Gehirns funktionierten nicht so wie bei gesunden Menschen. Serotonin, Noradrenalin, Dopamin und so weiter sind im Gehirn eines an einer bipolaren Störung Erkrankten nicht in gleichen Mengen vorhanden wie bei gesunden Leuten. Diese Imbalance, also dieses gestörte Gleichgewicht im Gehirn, führt dazu, dass das Gehirn falsche Informationen weiterleitet und dass Gefühle anders verarbeitet werden.

Mir hat es ein Psychiater einmal so erklärt, dass ich mir vorstellen solle, im Kopf sei ein Salatsieb. Nun kommen bei allen Menschen immer wieder neue Stoffe, welche durch das Sieb müssen. Und es gibt Stoffe, die nicht hindurch sollen und entsprechend grösser seien. Bei einem Patienten, der an einer bipolaren Persönlichkeitsstörung leide, seien die Löcher des Salatsiebes nicht wie bei einem gesunden Menschen. Die einen Löcher seien verstopft, andere seien zu gross. Zusätzlich sei die Anzahl Stoffe auch nicht wie bei einem gesunden Gehirn. Entsprechend sei das Ergebnis, je nachdem, welche Stoffe in welcher Anzahl durch das Sieb gehen, völlig anders bei einem an bipolarer Störung leidenden Patienten. Dies wiederum führe beim Patienten zu Fehlverarbeitungen im Gehirn, zu Fehlinterpretationen, zu Falschannahmen, zu Verwirrtheit, zu verschwommenen oder unklaren Vorstellungen und zu wirren Denkstrukturen. Dies hat mir ein bisschen geholfen, dies damals zu verstehen. Bei meinem Bruder war es nun so, dass eben sein Salatsieb im Kopf nicht funktionierte, wie es sollte. Und die Anzahl Botenstoffe waren ausser Norm.

Wechselte nun die Phase meines Bruders von depressiv zu manisch, war er nicht mehr zu Tode betrübt, depressiv und niedergeschlagen und fühlte sich nicht mehr wertlos und all die anderen Dinge, welche die depressive Phase bestimmten. In der manischen Phase sagte ihm sein Gehirn, er könne alles erreichen. Ja, das klingt eigentlich einfach nach grossem Selbstvertrauen. Aber nein, die Krankheit lässt einem in der Manie so einige Sachen denken, die gefährlich sind, und welche dann nichts mit Selbstvertrauen zu tun haben. Mein Bruder erzählte mir einmal während einer manischen Phase, dass er nun zum Fenster hinausspringen könnte und er fliegen könnte wie ein Vogel. Er war davon überzeugt. Dies war damals seine Wahrheit, seine Wirklichkeit und seine Überzeugung. Sein Gehirn bestätigte ihm, dass dies für ihn möglich sei. Die Botenstoffe in seinem Gehirn machten diese Gedanken zu seiner Realität. Es war seine Wirklichkeit. Oder er dachte, er könne ganz einfach die Welt retten. Er hatte dann Ansichten, welche für mich zum Beispiel nur einfach sehr abstrakt und unbegreiflich waren. Ich konnte schon verstehen, dass er das dachte und daran glaubte, aber im Gegensatz zu ihm konnte ich erkennen, dass seine Ideen eben absolut unrealistisch waren. Es ist schwierig, dies zu erklären, denn ich möchte gewisse Gedankengänge meines Bruders gar nicht wiedergeben. Man kann sich vielleicht einfach vorstellen, dass Kinder auch ihre Wirklichkeiten haben, die nicht unbedingt der Wirklichkeit von Erwachsenen entsprechen. Das heisst nicht, dass die Kinder lügen, wenn sie von ihren Fantasien berichten. Sie meinen es auch keinesfalls böse. Aber es entspricht vielleicht nicht dem, was andere denken, sehen oder erkennen. Und mein Bruder hatte während der Manie solche Wahrnehmungen und Wirklichkeiten, welche ich beispielsweise nicht wahrnehmen konnte. Ich hörte zum Beispiel die Stimmen nicht, welche er gehört hatte. Deshalb heisst es aber nicht, dass er diese nicht gehört hat. In seiner Wahrnehmung waren diese Stimmen Realität. Ich hatte aber eine andere Wahrnehmung, da ich diese Stimmen nicht hören konnte. Aber was ich immer konnte, war es, meinem Bruder zu glauben, dass er diese Stimmen hörte. Dies ist einfach ein Beispiel, welches vielleicht eingermassen verständlich ist. Jedenfalls war es jeweils seine Wirklichkeit und ich respektierte das. Aber ich wusste oftmals nicht, ob ich ihn darauf hätte hinweisen sollen, dass es nicht meiner Realität entsprach. Teilweise musste ich ihm aber sagen, dass seine Krankheit ihm diese Realität vorgab, aber dass es eben nicht mit meiner übereinstimmte. Teilweise war dies zwingend notwendig, um ihn zu schützen. Und andere Male spielte es einfach keine Rolle, ob sein Gehirn ihm etwas als Wahrheit vorspielte, weil es keinerlei Auswirkungen hatte. Aber wenn ich daran zurückdenke, muss ich sagen, dass es oftmals schwierig war, solche Entscheidungen zu treffen. Meine Mitteilung an ihn, dass er krank sei und deshalb Dinge empfinde, welche ich nicht mitbekam, hiess auch immer, ihn an seine Erkrankung zu erinnern. So musste er immer wieder an sich selbst zweifeln, was denn noch real war und was davon die Krankheit gestaltet hatte. Es war oft sehr schwierig für ihn und für mich. Aber was mein Bruder immer wieder betonte, war, dass man ihm besser etwas sagt, das vielleicht verletzen könnte, als dass man ihm nichts sagt. So versuchte ich es zu handhaben, so gut es ging.

Andere Merkmale seiner manischen Phasen, als diese Wahrnehmungsstörungen, waren zum Beispiel, dass er keinen Schlaf mehr brauchte und so viel Energie hatte, dass er sich teilweise tage- oder wochenlang nicht schlafen legen musste oder sich überhaupt auf keine Weise erholen musste. Er funktionierte rund um die Uhr. Ohne Schlaf, immer voller Energie und Ehrgeiz. Bis er zusammenbrach. Er konnte seine Grenzen nicht erkennen. Er fühlte keine Grenzen. Sein Geist schien frei, sein Körper voller Energie und sein Antrieb, sein Mut, sein Wille, seine Zuversicht und vieles mehr waren in so hohem Masse vorhanden, dass es mir schon wirklich Angst machte. Ich wusste nicht, wohin dies jeweils führen würde. Ich hatte mich irgendwie schon für ihn gefreut, dass er wenigstens einmal nicht depressiv war, aber wie gesagt war die Manie eigentlich die noch gefährlichere Phase. So empfand ich das jedenfalls. Wobei ich sagen muss, dass ich beide Phasen schlimm fand, da mein Bruder kein beschwerdefreies Leben führen konnte. Er musste zu viel kämpfen. Er musste zu viel leiden. Er hatte 12 Jahre lang mit der Krankheit gelebt, 12 Jahre lang tagtäglich gegen sie gekämpft. Er hatte versucht, damit zu leben. Er hatte versucht, das Beste daraus zu machen. Es war hart, es kostete ihn viel Kraft und er suchte immer wieder Wege, wie er mit der Krankheit einigermassen leben konnte. Er durchlebte viele Rückschläge. Er hatte Phasen, in denen er glücklich war. Er hatte Phasen, in denen er zufrieden war. Aber diese positiven Phasen waren selten. Er hatte leider sehr viele negative Phasen. Er durchlebte viele Zeiten, in denen er keine Hoffnung mehr hatte, dass die Krankheit besser würde. Er hatte viele Phasen, in denen er keinen Sinn mehr sah oder in denen ihm bewusst wurde, dass er vermutlich niemals gesund würde. Es wurde ihm immer mehr bewusst, dass er keinen Beruf ausüben konnte, dass es keine Heilung geben würde und dass sein Leben ein ständiger Kampf gegen die Depression und die Manie sein würde.

Diese Krankheit oder überhaupt psychische Erkrankungen im Allgemeinen können auch sehr heimtückisch sein. Sie sind oftmals sehr schwierig einzuschätzen. Sie können sich auch ständig verändern. Oder der Patient kann seine Einstellung zur Krankheit sehr schnell ändern. Da braucht es teilweise nicht viel, damit ein psychisch Erkrankter aus allen Wolken fällt. Und bei der bipolaren Störung sind die beiden Extreme vereint und die depressiven und manischen Phasen vollständig ausgeprägt. Und sie treten teils abwechselnd, teils sogar gleichzeitig durcheinander auf. Man stelle sich vor, wie man sich vermutlich fühlen muss, wenn man depressiv und manisch zugleich sein muss. Es ist kaum vorstellbar. Es muss schrecklich sein.

Aber so schlimm die Erkrankung meines Bruders auch war, wir hatten auch etliche wunderbare Zeiten miteinander, obwohl er in einer tiefen oder hohen Phase war. Zwischendurch konnte mein Bruder in seiner eigenen Wohnung selbständig leben, dann hatte er selbst gekocht, traf sich mit Kollegen, spielte Gitarre, komponierte Musikstücke und ging teilweise sogar an Vorlesungen an der Universität. Oder er hatte Phasen, in denen er in Tageskliniken eine Beschäftigungstherapie machen konnte. Aber dann folgten wieder Phasen, in denen er in die Psychiatrie musste, da es ihm so schlecht ging, dass er es alleine zuhause nicht mehr schaffte. Es gab Phasen, während denen er total gestresst und genervt war, da er beispielsweise medikamentenbedingt so sehr zitterte mit den Händen, dass er seine Feinmotorik für eine Zeit lang völlig verlor. Das machte ihn rasend. Er konnte dann jeweils keine beruhigenden Dinge machen, wie stricken, schreiben, basteln oder Gitarre spielen. Und er wusste genau, dass dieses Zittern eine Nebenwirkung der Medikamente war. Somit überlegte er sich auch oftmals, die Medikamente nicht einzunehmen, um keine Nebenwirkungen zu haben. Er hatte auch etliche sonstige Nebenwirkungen, welche ihm das Leben oftmals zusätzlich schwer machten. Teilweise konnte er sich unter dem Medikamenteneinfluss nur noch ganz langsam bewegen, wie in Zeitlupe. Er konnte dann fast nicht gehen, schlenderte eher durch die Flure, konnte sich nicht konzentrieren, teilweise sogar fast nicht sprechen oder war sehr abwesend mit seinen Gedanken. Dann war er oft nicht mehr sicher, ob er die Medikamente vielleicht einfach absetzen sollte. Er wurde dann einfach genervt davon, dass er wegen der Krankheit solche Medikamente einnehmen musste, welche dermassen schlimme Nebenwirkungen auslösten.

Was ihn zum Beispiel auch sehr wütend machte und verzweifeln liess, war die Tatsache, dass ihn einige der Medikamente sehr aggressiv machten. Er konnte dann teilweise seine Wut, seinen Ärger und seine Aggression kaum unter Kontrolle halten. Und man muss wissen, dass mein Bruder einer der nettesten, liebsten und sensibelsten Menschen war. Er hätte niemandem Böses antun können, jedenfalls nicht in gesundem Zustand. Eigentlich auch nicht im kranken Zustand. Aber einige Medikamente veränderten sein Wesen. Und mein Bruder bemerkte dies selbst sofort und schämte sich dafür. Er versuchte jeweils, diese Wesensart zu unterdrücken, so gut es ging. Mein Bruder hat beispielsweise vor seiner Erkrankung niemals jemanden verprügelt oder beschimpft. Er war einfach ein sehr netter Mann, den man eigentlich einfach mögen musste. Ich wüsste keinen, der was anderes behaupten würde. Wirklich nicht. Das sage ich nicht, weil ich seine Schwester bin.

Jedenfalls gab es einmal eine Situation, in der er seinen Nebenwirkungen etwas ausgeliefert war. Jedenfalls verlor er die Kontrolle ein Stück weit. Ich ging meinen Bruder in der Klinik besuchen. Wir waren draussen beim Park und schauten die Tiere an. Da waren Ziegen und Schafe in einem Gehege auf dem Klinikareal. Wir hatten eine gute Zeit und viel Spass zusammen. Dann bemerkte ich, wie es meinem Bruder schlagartig schlechter ging. Ich sah es ihm an. Es gab keinen sichtbaren oder erkennbaren Auslöser, der die Veränderung hätte erklären können. Aber die Veränderung war da. Also beschloss ich, meinen Bruder zurück auf die Station zu begleiten. Bei der geschlossenen Abteilung stiegen wir aus dem Fahrstuhl und klingelten, damit jemand vom Pflegepersonal uns die Türe öffnen würde. Mein Bruder hatte an dem Tag nur für eine Stunde einen begleiteten Spaziergang bewilligt bekommen. Er durfte also nur in Begleitung von mir oder mit einer anderen zuverlässigen Begleitperson aus der Station und aus dem Gebäude hinausgehen. Er durfte für eine Stunde lang mit uns auf dem Klinikareal sein und ich oder die Begleitperson musste ihn zurückbegleiten. Jedenfalls wartete ich nun mit meinem Bruder darauf, dass sie ihn wieder hineinlassen würden.

Ein Pfleger öffnete die Tür, begrüsste uns und bat meinen Bruder, einzutreten. Mein Bruder sagte dann zu ihm, er wolle nicht hineingehen, bevor ich nicht hinausgelassen werde. Ich muss dazu erklären, dass man vom geschlossenen Stockwerk den Fahrstuhl nur mit Schlüssel bedienen kann, damit kein unerlaubtes Entfernen möglich ist. Also musste ich, wenn ich mit dem Fahrstuhl nach unten wollte, einen Pfleger bitten, mir den Fahrstuhl mit dem Schlüssel freizuschalten. Aber mein Bruder hatte in diesem Moment solch wirre Gedanken, dass er Angst bekam, dass der Pfleger mich nicht hinauslassen würde. Seine Wahrnehmung war derart verzerrt, dass er glaubte, ich sei in grösster Gefahr. Er hatte Angst um mich. Er hatte Angst, dass ich eingeschlossen werden würde. Er hatte Angst, dass es mir so ergehen würde wie ihm. Er hatte Angst, dass ich leiden müsste. Es kam ihm so vor, als würde ich nicht freigelassen. Dies machte in seinem Kopf eine Art Panik. In diesem Zustand hat er dann mehrmals gebeten, dass ich bitte zuerst in den Fahrstuhl steigen gelassen werden sollte und dass er erst danach in die Station eingeschlossen werde. Er bat darum, zusehen zu können, wie ich freigelassen werde. Er hatte solche Angst um mich.

Für den Pfleger allerdings war dies keine Option. Mit dieser Verwirrtheit meines Bruders und seiner uns fremden Wahrnehmung war sich der Pfleger sehr unsicher, ob mein Bruder sich denn überhaupt wieder auf die Station begeben würde oder ob ein Risiko bestände, dass mein Bruder mit in den Fahrstuhl kommen wolle, um so zu sagen von der Station zu flüchten. Jedenfalls war es eine sehr angespannte Situation. Ich erklärte meinem Bruder mehrmals, dass ich keine Angst hätte. Ich würde schon hinausgelassen. Er brauche sich keine Sorgen um mich zu machen. Und dann sagte ich ihm, ich könne sonst auch mit ihm auf die Station kommen, also hineingehen, mich nochmals mit ihm hinsetzen und eine Zeit reden und später dann hinausgehen, wenn er beruhigter sei. Aber ihm passte das auch nicht. Er hatte so nämlich das Gefühl, dass sie mich dann auch nicht mehr aus der Station gehen lassen würden.

Jedenfalls führten unsere Diskussionen und Unsicherheiten so weit, dass mein Bruder sich immer stärker für mich einsetzte und mich hinauslassen wollte. Und so kam es, dass der Pfleger anfing, meinen Bruder festzuhalten, um ihn zurück auf die Station bringen zu können. Mein Bruder wehrte sich aber, weil er immer noch diese Angst um mich hatte. Dabei hat sich der Pfleger dann am Fuss verletzt und wurde dann echt wütend. Dann war ein Handgemenge und kurze Zeit später hatte mein Bruder mich irgendwie ein bisschen an die Wand geschubst. Nicht so stark, dass ich mich verletzt hätte. Überhaupt nicht. Ich war etwas erschrocken, aber das war schon alles. Es war harmlos. Nichts passiert, dachte ich mir.

Aber mein Bruder bekam sofort ein schlechtes Gewissen. Er verzweifelte fast daran, dass er mich überhaupt so anfassen konnte. Er hatte sich wahnsinnig geschämt. Er hatte sich vielmals entschuldigt. Es tat ihm sehr leid. Wie gesagt war es für mich nicht wirklich der Rede wert. Aber meinem Bruder machte diese Situation extrem Angst. Es war beängstigend für ihn, dass er überhaupt so die Kontrolle verlieren konnte. Er war völlig überfordert mit dem, was geschehen war.

Uns wurde aber keine Möglichkeit geboten, die Sache zu klären. Ich konnte meinem Bruder leider nicht lange genug klarmachen, dass nichts passiert war, dass er sich überhaupt nicht zu schämen brauche, dass er gar kein schlechtes Gewissen haben brauche und vieles mehr. Ich wollte ihm noch so viel sagen, damit er sich besser fühlt.

Aber uns blieb keine Zeit, darüber zu sprechen. Der Pfleger drückte seinen Alarmknopf. Drei weitere Herren kamen angerannt. Sie packten meinen Bruder vor meinen Augen an Händen und Füssen. Mein Bruder wehrte sich. Er schrie, er wolle mich doch nur beschützen. Er schrie, er hätte mich nicht verletzen wollen, was er ja auch überhaupt nicht tat. Er schrie und zappelte. Aber es half nichts. Diese Pfleger zerrten an meinem Bruder herum, drückten ihn zwischendurch wieder auf den Boden und dann zogen sie ihn den Flur entlang zu einer Tür. Dies war nicht die Tür zu der Station. Ich hatte keine Ahnung, wohin diese Tür führte. Ich wusste es nicht. Das machte mir Angst. Nachdem ich soeben mitansehen musste, wie mein Bruder von mehreren Männern weggeschleppt wurde, hatte ich nun auch noch Angst, wo sie ihn denn nun hingebracht hatten. Mir wurde es nicht erklärt. Mir wurde dann nur gesagt, sie würden mir den Fahrstuhl freischalten, damit ich hinaus könne. Meinem Bruder gehe es gut. Sie hätten alles unter Kontrolle. Aber ich solle jetzt bitte gehen.

Ich fühlte mich hilflos. Ich fühlte mich schrecklich. Ich fühlte mich, als hätte ich meinen Bruder im Stich gelassen. Ich fühlte mich mitschuldig. Das war eine schlimme Erfahrung. Später habe ich meiner Mutter dann die ganze Sache erzählt. Ich habe es ihr erklärt, so gut es ging. Ich musste ihr auch sagen, dass ich es nicht mehr regeln durfte und meinem Bruder nicht mehr erklären oder ihn beruhigen konnte. Und ich habe sie gefragt, ob sie wisse, wohin diese Tür führe. Leider hatte sie auch keine Ahnung. Und auch sie war geschockt über das Ganze. Aber sie meinte dann zu mir, dass mein Bruder vermutlich nun mit Medikamenten ruhiggestellt worden sei, damit er die Wut und Aggression unter Kontrolle bringen würde. Es war ihr klar, dass ich unter diesen Umständen nicht nochmals hineingelassen worden wäre.

Am nächsten Tag besuchten wir meinen Bruder nochmals, nach dem uns die Stationsleitung am Telefon mitgeteilt hatte, dass er Besuch empfangen dürfe. Er sah schrecklich aus. Er war offensichtlich unter dem Einfluss von sehr starken Medikamenten stehend. Er konnte nur ganz langsam gehen und schlenderte uns langsam entgegen. Er hatte seinen Kopf nach vorne gebeugt und starrte auf den Boden. Es tat weh, ihn so zu sehen. Er sah so hilfsbedürftig aus, so niedergeschlagen, so bedrückt und kraftlos. Auf die Frage hin, wie es ihm denn seit dem vorigen Tag gegangen sei, meinte er nur, es sei schlimm gewesen. Er entschuldigte sich nochmals bei mir. Diesmal konnte ich ihn aber einigermassen davon überzeugen, dass er mich überhaupt nicht verletzt hatte, dass ich seine Ängste verstanden hätte und dass er sich keine Sorgen darüber machen müsse. Dann erzählte er uns, wo diese mysteriöse Tür ihn hingeführt hatte. Er wurde, so nannte er es, in die Gummizelle gesteckt. Die Kliniken nennen es Isolierzimmer. Mein Bruder erklärt, dass es dort nur ein Bett aus Gummi hätte, eine Matratze darauf, eine geschützte Deckenlampe, weich gepolsterte Wände und sonst nichts. Seine Erklärungen entsprachen etwa dem Bild, das ich vom Fernsehen her bereits hatte. Er klagte darüber, dass er dort zuerst mit sehr starken Medikamenten versorgt worden sei, welche die übelsten Nebenwirkungen hervorgerufen hätten. Danach sei er stundenlang alleine gelassen worden. Er hätte den Notfallknopf etliche Male gedrückt, damit ihm jemand etwas zu trinken bringen würde, da er von den Medikamenten einen derartig trockenen Mund bekommen habe, dass er das Gefühl hatte, zu verdursten. Deshalb habe er immer wieder diesen Knopf gedrückt. Aber es sei keiner gekommen. Mehrere Stunden hätte er gewartet. Immer wieder wollte er um Hilfe bitten. Immer wieder wollte er nach einem Becher Wasser fragen. Aber niemand reagierte auf seinen Alarm. Niemand kam. Man liess ihn anscheinend einfach alleine in diesem Zimmer, ohne Wasser und ohne dass jemand gekommen wäre, um nachzuschauen, wie es ihm denn gehe. Einfach sich selbst überlassen. Und dies unter dem Einfluss dieser wahnsinnig starken Medikamenten.

Er hätte dann am Morgen, als er dann endlich aus dem Zimmer geholt wurde, von seinen Mitpatienten gehört, dass die Pfleger sehr wohl mitbekommen hätten, dass er den Alarmknopf gedrückt hatte. Aber die Pfleger hätten nur darüber gesprochen, wie nervig es sei. Sie sagten untereinander, dass sie froh wären, wenn dieser Typ, also mein Bruder, im Isolierzimmer doch endlich Ruhe geben würde. Dies bestätigte, dass dies keine Einbildung meines Bruders war. Es gab auch meinem Bruder selbst die Gewissheit, dass er keine Wahrnehmungsstörung diesbezüglich hatte, sondern dass die Pfleger ihn eben tatsächlich einfach links liegen gelassen hatten. Natürlich verstehe ich, dass es für Pfleger auf einer geschlossenen psychiatrischen Einrichtung nicht immer einfach ist, mit den Patienten umzugehen. Aber so etwas darf einfach nicht sein.

Ja, in diesen Kliniken hatte mein Bruder einiges erleben müssen. Immer wieder sind unglaubliche Dinge abgelaufen. Wie dort im Isolierzimmer fast zu verdursten und mit Medikamenten vollgestopft auf sich selbst gestellt zu sein. Ich erinnere mich auch an eine Situation, die ziemlich am Anfang seiner Erkrankung in einer Klinik geschah. Damals war mein Bruder auch in einer geschlossenen Abteilung. Wie ich erklärt hatte, dass mir die Taschen durchsucht wurden bei meinem ersten Besuch bei meinem Bruder in dieser Psychiatrie, hätten ja auch seine Taschen genau durchgeschaut werden müssen. Aber er hatte damals einige Medikamente mit in die Klinik gebracht, welche niemand bemerkte. Als es meinem Bruder dann schlecht ging, hatte er bei dem Pflegeteam und dem Psychiater um stärkere Medikamente gebeten. Dann hat er diese Medikamente zusammen mit den von ihm hinein geschmuggelten Medikamenten eingenommen und litt dann an einer Überdosis. Er wollte sich damals so vermutlich das Leben nehmen. Oder jedenfalls nichts mehr von allem mitbekommen.

Ein anderes Mal fand eines der unglaublichen Dinge im Musikzimmer einer Psychiatrie statt. Mein Bruder war ein sehr begabter Gitarrenspieler. Er war so begabt, dass einige sehr gute Gitarrenlehrer ihn nicht mehr unterrichten wollten, sondern nur noch mit ihm jammen wollten. Sie sagten, sie könnten ihm nichts Weiteres mehr beibringen. Er konnte alles Mögliche perfekt spielen. Flamenco, Jazz, Rock, Hardrock und vieles mehr. Er spielte klassische und elektrische Gitarre. Es war herrlich, ihm zuzuhören. Jedenfalls hatte er oftmals die Gitarre bei sich, wenn er in der Klinik war. Es tat ihm jeweils gut, Gitarre zu spielen. Eines Tages habe er dann, so hatte es uns der Pfleger später erzählt, darum gebeten, in das Musikzimmer gehen zu dürfen. Dies wäre normalerweise kein Problem gewesen. Aber dieses Mal sei ein Fenster im Zimmer kaputt gewesen, weshalb das Zimmer für Patienten geschlossen wurde. Der Pfleger hatte aber Mitleid mit meinem Bruder, weil der ihm sagte, wie gut es ihm tun würde, wenn er dort spielen gehen könnte. Also schloss der Pfleger meinem Bruder die Tür auf. Mein Bruder hätte dann Gitarre gespielt. Dann hätte der Pfleger im Flur draussen kein Gitarrenspiel mehr gehört und sei deshalb ins Zimmer hineingegangen. Da habe er meinen Bruder am Fenster gesehen, im vierten Geschoss des hohen Gebäudes. Der Pfleger erzählte uns dann, er sei damals sofort zum Fenster geeilt und er hätte meinen Bruder noch im letzten Moment beim Springen am Arm erwischt. Er hätte ihm so das Leben gerade noch retten können. Er sei genau rechtzeitig in das Zimmer gekommen und er hätte zum Glück sofort richtig reagiert. Aber das sei effektiv sehr knapp gewesen. Mein Bruder sei schon fast im freien Fall gewesen, als er ihn am Arm halten und hereinziehen konnte. Was für ein Glück.

Aber wie kann es denn sein, dass in einer geschlossenen Abteilung einer psychiatrischen Klinik einerseits die Taschen der Patienten nicht gründlich untersucht werden, damit Pillen entdeckt werden könnten und andererseits ein Musikzimmer für einen Patienten aufgeschlossen wird, das aus dem Grund abgeschlossen wurde, weil da ein Fenster kaputt war? Wie kann so etwas sein? Und wie kann ein Patient stundenlang ohne Wasser in einer Zelle eingesperrt werden? Und wie kann es sein, dass keiner der Pflegekräfte reagiert, wenn etliche Male der Notfallknopf gedrückt wird? Oder wie kann man nicht hingehen, wenn man ja genau weiss, dass der Knopf gedrückt wurde, wie es eben die Mitpatienten bestätigt hatten?

Ich verstehe es einfach nicht. Irgendwie läuft doch da was schief. Solche Sachen sollten doch einfach nicht passieren.

Etwas anderes, das bei fast allen Klinikeintritten mit meinem Bruder gemacht wurde, war es, ihm ein Medikament zu geben, welches er ganz strikt ablehnte. Mein Bruder hatte veranlasst, dass in jeder Krankenakte über ihn notiert wurde, dass er ein bestimmtes Medikament, ein starkes Neuroleptika, gar nicht vertrage. Er reagierte extrem auf dieses Medikament. Und die Nebenwirkungen waren für ihn jedes Mal der reinste Horror. Also informierte er jeden Psychiater, jeden Pfleger und alle Kliniken, mit denen er zu tun hatte, dass ihm bitte dieses Medikament keinesfalls verabreicht werden soll. Und trotzdem wurde ihm fast jedes Mal wieder dieses starke Medikament verabreicht, welches er überhaupt nicht vertragen hatte. Wie kann denn so etwas sein? Wäre er gar allergisch auf das Medikament gewesen, hätte ihn dieses Verhalten umbringen können. Immer wieder wurde ihm dieses Medikament gegeben, immer wieder machte mein Bruder deshalb eine wahnsinnig belastende Zeit durch und immer wieder teilte er den Behandelnden mit, dass sie ihm dieses bitte nicht geben sollen. Was kann man denn tun, wenn die Ärzte trotzdem ein Medikament verabreichen, auch wenn man sich dagegen wehrt? Nichts. Genau gar nichts kann man tun. Jedenfalls nicht als psychisch Kranker. Da heisst es einfach, dass es für das Klinikpersonal am einfachsten sei, den Patienten mit sehr starken Medikamenten ruhig zu stellen. Da hätten sie angeblich keine Zeit, die Akte anzuschauen. Da müssten sie jeweils sofort handeln. Und da sei eben dieses starke Neuroleptika ein passendes Medikament für sie, da es den Patienten ziemlich zeitnah ruhig stelle. So sei das Klinikpersonal keiner unnötigen Gefahr ausgesetzt. Und sie würden es in Kliniken oftmals benutzen, wenn jemand mit Psychosen oder starken psychischen Störungen eingeliefert würde. Es sei für das Personal halt bequem, dieses zu verabreichen. Aber Moment mal. Sollte ein Medikament nicht für den Patienten hilfreich sein? Sollte es nicht dem Patienten dienen? Werden in Kliniken die Medikamente für die Patienten nach dem Kriterium ausgesucht, welches für das Klinikpersonal am angenehmsten ist? Wird da entschieden, welches Medikament den Patienten am ehesten so beeinträchtigt, damit das Personal weniger Arbeit hat? Oder zum Schutze des Personals? Hätte das Personal keine andere Möglichkeit, den Schutz zu gewährleisten? Kann es wirklich sein, dass Patienten irgendwelche Medikamente verabreicht bekommen, weil es einfacher für das Personal ist? Und was ist denn mit dem Patienten? Sollte ein Patient nicht ein Medikament erhalten, welches er auch verträgt? Oder bei welchem die Nebenwirkungen nicht fürchterlich stark sind? Wenn der Patient doch aus Erfahrung bereits weiss, dass er das Medikament nicht erträgt und wenn dies doch sogar ausdrücklich mit rotem Stift in der Akte vermerkt wird, sollte man denn das nicht beachten und danach handeln? Wie kann es sein, dass in einigen Kliniken einfach gemacht wird, was die wollen und dass keinerlei Rücksicht darauf genommen wird, was der Patient will oder benötigt? Ich finde es schlimm, was ich da schon alles gehört und miterlebt hatte. Viele dieser Dinge sind einfach kaum zu glauben, aber doch wahr. Dazu könnte ich noch etliche weitere Geschichten erzählen. Aber ich denke, das reicht wohl auch schon, um sich ein Bild dessen zu machen.

Was ich dazu vielleicht auch noch erwähnen sollte, ist, dass nicht jede bipolare Persönlichkeitsstörung gleich stark ist. Nicht jeder Patient leidet gleich unter dieser Erkrankung. Wie auch bei der Depression kommt es auch immer darauf an, welche andere psychischen Krankheiten noch zusätzlich in der Diagnose stehen. Hat man beispielsweise eine leichte Depression ohne zusätzliche Diagnosen stellt sich die Depression ganz anders dar, als wenn man eine schwere Depression mit Panikattacken, Angstzuständen, neurotischen Störungen, Zwängen, traumatischen Belastbarkeitsstörungen, Wahnvorstellungen usw. diagnostiziert bekommt. Viele psychische Erkrankungen weisen nicht nur eine einzelne Diagnose auf. Teilweise können viele verschiedene Erkrankungen gleichzeitig zusammenkommen. Und je nach Krankheitsbild kann eine Erkrankung vielleicht einfacher geheilt werden als andere. Und wie gesagt ist nicht jeder Patient gleich. Bei einem wirken Medikamente vielleicht sehr gut, bei anderen hilft die therapeutische Betreuung und bei nochmals anderen die Verhaltenstherapie. Es gibt etliche Therapie-Arten, Selbsthilfegruppen, Medikamente, Alternativmedizin, diverse Heilpraktiken und etliche Lösungsansätze.

Bei meinem Bruder waren anfangs seiner Erkrankung die Möglichkeiten noch bei Weitem nicht so vielseitig, wie sie es heute sind. In den über 20 Jahren hat sich viel getan. Auch hat man an den Medikamenten geforscht und verabreicht einige der Medikamente heutzutage nicht mehr, weil vielleicht diese nicht gut verträglich waren oder es sich herausstellte, dass sie schlimme Spätfolgekrankheiten verursachten. Mittlerweile ist die Forschung weiter gekommen. Und es ist wichtig zu wissen, dass viele psychische Erkrankungen mittlerweile heilbar sind. Also die Hoffnung nicht aufgeben.

3. Ehe und Geburt meines Sohnes

Nach meinem Sprachaufenthalt direkt mit der Erkrankung meines Bruders konfrontiert zu werden, war natürlich eine schreckliche Sache. Aber nicht nur die Erkrankung meines Bruders war eine völlig neue Situation in meinem Leben. Gleichzeitig war ich ja in einer Fernbeziehung. Mein Freund war zu der Zeit immer noch im Ausland, ich aber nicht. Ich hatte ihn seit einigen Monaten nicht mehr gesehen. Ich hatte nämlich, als ich vom Sprachaufenthalt zurück nach Hause kam, eine kaufmännische Arbeit angenommen. Ich lernte also nun das Arbeitsleben kennen. Ich arbeitete allerdings nur einige Monate in der Schweiz. Dann zog es mich wieder zu meinem Freund nach England zurück. Schliesslich hatten wir mittlerweile gesehen, dass unsere Beziehung sehr wohl Bestand hatte. So entschloss ich mich, einen weiteren Sprachaufenthalt bei meinem Freund zu machen, damit ich meine Sprachkenntnisse noch weiter vertiefen konnte. Und natürlich, damit ich mit meinem Freund zusammen sein konnte. Ab da ging es für mich hin und her. Ich war einige Monate in der Schweiz, dann wieder einige Monate in England. Ich hatte jeweils in meiner Heimat temporäre Arbeitsstellen, damit ich Geld verdienen konnte, während ich bei meinen Eltern wohnen konnte. Danach ging ich ins Ausland, lebte mit meinem Freund zusammen, besuchte Sprachschulen und gab das verdiente Geld somit dort wieder aus. So ging es über ein paar Jahre. In der Zwischenzeit hatten wir uns verlobt und ein Jahr danach auch geheiratet. Ich wechselte immer noch von einer Heimat in die andere, arbeitete hier und lernte dort. Dann wurde ich schwanger und blieb immer noch jeweils eine Zeit lang dort und eine Zeit lang hier.

Als meine Schwangerschaft etwa im fünften Monat sichtbar wurde, ich war damals in England und hatte auch nicht vor, vor der Geburt nochmals in die Schweiz zu reisen, bekam ich dann endlich die Aufenthalts- und Arbeitsbewilligung, auf die ich so lange hatte warten müssen. Das war dann wohl etwas zu spät. Ich konnte mich in meinem Zustand ja nicht für eine Arbeitsstelle bewerben. Und nach der Geburt, so hatten wir dies geplant, würde ich anfangs nicht arbeiten gehen. Aber immerhin hätte ich nun eine Bewilligung. Und immerhin konnte ich nun nicht mehr gezwungen werden, das Land zu verlassen, was ja schwanger gar nicht möglich gewesen wäre.

Die Schwangerschaft verlief sehr gut. Ich hatte keine Morgenübelkeit. Mein Heisshunger beschränkte sich hauptsächlich auf Hühnchen von Fast-Food-Ketten. Ansonsten verlief die Schwangerschaft ohne Probleme. Na ja, einmal hatte ich schon ein Problem, aber dies stellte sich kurze Zeit später zum Glück als harmlos heraus. Das war, als ich etwa im sechsten Monat schwanger war. Ich musste ins Krankenhaus, um eine routinemässige Blutuntersuchung zu machen. Ich ging also ins Krankenhaus und setzte mich ins Wartezimmer. Dann wartete ich und wartete. Ich sass da insgesamt über zwei Stunden. Mir tat schon alles weh vom Sitzen. Ich hatte mittlerweile Hunger und wurde langsam nervös. Ich bin nicht gerne in Krankenhäusern. Mir ist schon des Öfteren schwindlig oder übel geworden. Ich bin auch schon mehrmals ohnmächtig geworden.

Einmal war es mir beispielsweise passiert, als ich eine Freundin im Spital besuchen ging, welche ein paar Tage zuvor ein Baby zur Welt gebracht hatte. Ich besuchte sie damals im Krankenhaus, wollte dann dort das Fenster öffnen, da es mir nicht mehr so wohl war, und öffnete dann kurze Zeit später meine Augen am Boden liegend. Ich blickte in die Augen einer Krankenschwester. Mein Blick schweifte dann auf die Seite und ich sah Blut. Ich fragte, weshalb denn so viel Blut auf dem Boden sei. Meine Freundin hatte doch ihr Kind bereits vor einigen Tagen bekommen. Irgendwie ergab dies für mich keinen Sinn. Daraufhin erklärte mir die Krankenschwester, dass dieses Blut von mir sei. Auch das ergab nun für mich keinen Sinn. Meine Freundin erklärte mir dann, dass es mir übel geworden sei und ich deshalb das Fenster hätte öffnen wollen. Dabei sei ich in Ohnmacht gefallen und hätte während meinem Sturz mit meinem Kinn den Türgriff des Schrankes heruntergerissen. Ja, den sah ich dann neben mir liegen. Die Krankenschwester beruhigte mich und meinte dann kurz und knapp zu mir, dass wir nun einen Stock tiefer gehen würden und meine Wunde am Kinn nähen lassen würden. Ich entschuldigte mich bei meiner Freundin, dass sie meinetwegen solchen Stress erleiden musste und sagte zu ihr, dass ich später wieder zu ihr kommen würde. Nachdem meine Wunde genäht war, ging ich zurück in das Zimmer meiner Freundin. Leider waren da mittlerweile einige Bekannte bei ihr zu Besuch. Und ich hatte mich geschämt. Ja, das war eine Geschichte.

Ein anderes Mal war ich in Ohnmacht gefallen, ohne überhaupt in einem Krankenhaus zu sein. Ich war damals ein Teenager und mit meiner Familie im Urlaub. Unser Rückflug war mitten in der Nacht. Der Flughafen, welcher in einer tropischen Zone lag, war überfüllt, wir standen eng aneinander eingereiht und warteten in der schwülen Nachtluft vor der Passkontrolle. Die Müdigkeit und die unerträgliche Hitze, obwohl es nachts war, führten dazu, dass ich zusammenbrach. Mein Vater war zum Glück so nah bei mir in der Warteschlange, dass ich während der Ohnmacht in seine Richtung fiel und er mich während des Sturzes halten konnte. Auch da hatte ich grosses Glück.

Und einmal, das war allerdings Jahre später, wurde ich auch ohnmächtig und hatte mich dabei verletzt. Das war in dem Krankenhaus, in dem mir damals gesagt wurde, dass ich bei einem nächsten Besuch bei ihnen einen Rollstuhl beantragen sollte. Am besten gleich beim Eingang. Damit nicht nochmals so was passiere. Damals ging ich mit meiner Schwester meinen Vater auf der Notfall- und Intensivstation besuchen, nachdem mein Vater bei der Arbeit sein Bewusstsein verloren hatte und dann, bereits bewusstlos, einige Meter auf einen Betonboden in die Tiefe gestürzt war. Er erlitt bei dem Sturz einen dreifachen Schädelbruch, hatte mehrere Rippenbrüche, wies etliche Quetschungen und Verstauchungen auf und hatte für einige Tage einen Gedächtnisverlust. Als wir also damals bei ihm auf der Notfallstation waren, wurde es mir schlagartig übel. Mir war sofort klar, dass ich demnächst in Ohnmacht fallen würde, sollte ich länger dort stehen bleiben. Meine Schwester wollte mich auch gleich nach draussen begleiten, als sie bemerkt hatte, wie es um mich stand. Ich bedankte mich bei ihr für die angebotene Unterstützung, sagte aber zu ihr, sie solle bitte bei unserem Vater bleiben. Er hatte ja sein Gedächtnis verloren und hatte soeben erst uns wieder erkannt. In diesem Zustand konnten wir unseren Vater doch nicht alleine lassen. Ich bat also meine Schwester, bei ihm zu bleiben, damit er nicht noch verwirrter werde. Ich sei mir sicher, dass ich es noch bis zu den Stühlen hinkriegen würde, welche ich beim Eingang zur Notfallstation gesehen hatte. Ich wusste, dass ich es genau bis zu den Stühlen schaffen konnte. Ich liess also meine Schwester bei meinem Vater, ging aus der Notfallstation raus und wollte mich auf den Stuhl im Flur setzen, den ich in Erinnerung hatte. Da bemerke ich, wie mich ein Pfleger am Ellbogen stützt, bevor ich mich hinsetzen konnte und mich um die Ecke begleitete. Er sagte zu mir, dass ich sehr blass sei und ich wohl besser zu dem Fenster dort vorne gehen würde, um etwas frische Luft einzuatmen. Dann würde es mir bestimmt gleich besser gehen. Der Pfleger liess mich los, drehte sich um und ging zu seinen nächsten Patienten, vermutete ich. Ich stand dann da, mitten im Flur vor dem Fenster, völlig alleine gelassen. Und es kam, wie es kommen musste. Ich fiel in Ohnmacht. Ich öffnete kurze Zeit meine Augen, spürte einen grossen Schmerz am Hinterkopf und war schon vom Klinikpersonal umzingelt. Ich wurde auf eine Trage gehoben. Ich sagte immer wieder, dass mein Hinterkopf schmerze, ich könne nicht so liegen bleiben. Aber immer wieder hiess es, ich solle den Kopf ins Kissen legen und mich beruhigen. Vermutlich sei ich mit dem Kopf aufgeschlagen. Ja, so war es auch. Als ich meine Hände endlich an meinen Hinterkopf führen konnte, schaute ich danach meine Finger an, welche voller Blut waren. Ich hatte an dem Tag meine Haare zusammengebunden. Mein Haargummi wurde beim Sturz während meines Ohnmachtsanfalles dermassen an meine Kopfhaut gepresst worden, dass rund um das Haargummi eine Platzwunde entstand. Endlich wurde auch dem Personal klar, dass ich meinen Kopf nicht weiter ins Kissen drücken konnte. Und auch da musste ich das Stockwerk wechseln und wurde dann genäht.

Aber nun zurück zum Krankenhaus, in dem ich auf die Blutuntersuchung während der Schwangerschaft warten musste. In London war es üblich, trotz vereinbartem Termin, stundenlang warten zu müssen. Dies war ich mir mittlerweile gewohnt.

Jedenfalls wurde es mir beim Warten nun langsam unwohl. Und ich weiss, dass dieses Gefühl jeweils noch schlimmer wird, wenn ich eine Blutentnahme machen lassen muss. Ich kann Blut und Spritzen in einem Krankenhaus zwischen Schläuchen und Maschinen nicht ertragen, jedenfalls konnte ich es damals noch nicht. Dann wurde ich endlich ins Behandlungszimmer gebeten. Dann musste ich dort nochmals sehr lange warten. Dann wurde mir endlich Blut entnommen und ich konnte das Krankenhaus nach über drei Stunden endlich verlassen. Ich war froh, dass mir nichts passiert war und dass ich endlich gehen konnte.

Draussen vor dem Krankenhaus ist gleich ein Fussgängerstreifen oder -übergang. Jedenfalls kann man als Fussgänger dort direkt auf die gegenüberliegende Strassenseite zur Bushaltestelle, wo auch schon der Bus wartet, bis alle eingestiegen sind. Ich überquere nun also dort vor dem Krankenhausausgang die Strasse. Dann weiss ich nur noch, dass mich jemand direkt vor dem Bus unter den Armen festhält, vom Boden anhebt und mich vor dem Bus durch zum Strassenrand zieht. Ich höre mehrere Stimmen, die murmeln. Ich kann sie nicht genau verstehen. Sie scheinen alle irgendwie in völlige Aufruhr geraten zu sein. Dann höre ich eine klare Stimme, die mich direkt anspricht: "Was ist passiert? Was haben Sie gemacht? Was habe ich gemacht? Wie kann das sein? Es tut mir so leid. Ich kann es mir überhaupt nicht erklären, wie das geschehen konnte. Ich war doch stillgestanden. Ich war doch nicht gefahren. Wie kann es dann sein, dass ich Sie angefahren habe? Ich bin völlig verwirrt. Ich weiss nicht, was los ist. Es tut mir so leid." - Ja, ich bin auch völlig verwirrt.

Die Stimme klingt zwar klar, jedenfalls verständlich, aber sie klingt, als wäre die Person völlig aufgeregt und als hätte sie ein schlechtes Gewissen. Ich verstand ihre Worte zwar akustisch, aber ich wusste immer noch nicht genau, was sie meinte und was denn passiert war.

Die Passanten erklären nun mir und dem Busfahrer, dass nicht der Bus in mich hineingefahren sei. Der Busfahrer könne sich diesbezüglich beruhigen. Er trage keine Schuld. Und sie erklärten dann vor allem mir, dass ich anscheinend beim Überqueren der Strasse ohnmächtig geworden sei. Und anstatt einfach auf den Boden zu fallen, sei ich mit dem Kopf gegen den dort stillstehenden Bus geknallt.

Nun kann ich mir auch erklären, weshalb mir der Kopf wehtut. Aber meine Gedanken kreisen sich ja nicht um meinen Kopf, sondern um mein ungeborenes Kind. Ich hoffe einfach nur, dass dem Baby nichts passiert ist. Ich muss also sofort zurück in das Krankenhaus und mich und mein Baby untersuchen lassen. Und da kommt auch schon eine Krankenschwester mit einem Rollstuhl zu mir hin und holt mich ab. Zum Glück zeigt die Untersuchung, dass dem Baby nichts passiert ist. Ich bin wahnsinnig erleichtert. Mein Kopf tut zwar noch weh, aber ich bin beruhigt. Das war eigentlich der einzige grössere Zwischenfall während meiner Schwangerschaft.

Eine andere spezielle Sache während meiner Schwangerschaft war, dass ich nicht herausfinden konnte, welches Geschlecht mein Baby haben würde. Ich hätte gerne gewusst, ob ich einen Jungen oder ein Mädchen in mir trage. Irgendwie einfach deshalb, damit ich mein Baby mit seinem Namen ansprechen könnte, anstatt es immer nur als Baby zu bezeichnen. Es spielte für mich überhaupt keine Rolle, aber ich hätte mit meinem Baby irgendwie persönlicher sprechen können. Jedenfalls kam es gar nicht dazu. Während ich in England lebte, konnten mir die Ärzte das Geschlecht nicht mitteilen. Nicht, weil sie es nicht wussten, aber sie durften es nicht. Vielleicht wäre dies in einer Privatklinik anders gewesen. Aber in öffentlichen Kliniken war die Regelung damals so, dass das Geschlecht eines ungeborenen Kindes nicht mitgeteilt werden durfte. Dies aus dem Grunde, dass es Eltern gibt, die je nach Geschlecht des Kindes vielleicht eine Abtreibung in Erwägung ziehen würden. Mir wurde erklärt, dass einige Eltern unbedingt ein Mädchen haben wollen, da eine Frau dann später die Hochzeit nicht zahlen müsse. Andere hingegen würden nur einen Jungen wollen, der als Stammhalter dienen soll. Ich konnte es fast nicht glauben, als ich dies hörte. Und doch ergab es natürlich unter diesen Umständen Sinn, das Geschlecht des ungeborenen Kindes nicht mitzuteilen, wenn es ja anscheinend wirklich solche Personen gibt. Zum Schutze des Kindes wurde dann eben das Geschlecht gar nicht mitgeteilt, bevor es auf die Welt gekommen war. Ich hatte den Ärzten zwar versichert, dass ich mein Baby liebe, egal ob Mädchen oder Junge. Aber sie hatten ihre Anweisungen. Entsprechend hatte ich dann, als ich während der Schwangerschaft in der Schweiz einen Untersuchungstermin hatte, meinen Frauenarzt in der Schweiz gefragt, ob er es mir mitteilen könne. Aber wie sollte es auch anders sein? Mein Baby hatte die falsche Position. Somit musste ich mein Baby weiterhin mit Baby ansprechen. Aber ich habe ja schon erwähnt, dass es mir völlig egal war, ob Junge oder Mädchen, Hauptsache war für mich, dass es gesund ist und dass es meine Liebe von dem Moment an, als ich von der Schwangerschaft wusste, bekam. Nur das zählte für mich.

Während meiner Schwangerschaft gab es dann noch eine weitere spezielle Sache. Als ich im achten Monat schwanger bin, ich bin immer noch in London und plane auch dort zu gebären, besuche ich einen Termin meines Geburtsvorbereitungskurses. Mein Mann kommt diesmal auch wieder mit und gibt mir die nötige Unterstützung. Jedenfalls werden ich und mein Mann an diesem speziellen Termin gefragt, ob wir Lust hätten, in einem Kriminalfilm mitzuspielen. Es gehe in dem Film darum, dass eine Hauptdarstellerin dieser Krimiserie eine Schwangere spiele und diese in einen solchen Kurs gehen solle. Und da seien wir ein passendes Paar, um die im Film gezeigten Kursteilnehmer zu spielen. Die anderen Mitglieder des Kurses sind sehr überrascht, als sie die Namen der Schauspieler und der Krimiserie hören. Sie scheinen völlig nervös zu sein und fühlen sich geehrt. Leider kenne ich weder die Krimiserie noch die Schauspieler. Aber wir können uns diese Möglichkeit doch nicht entgehen lassen. Ich will das einfach einmal erlebt haben. Ich in einem Krimi. Klingt doch toll.

Dies war dann effektiv ein sehr spezielles Erlebnis. Wir mussten doch tatsächlich früh morgens dahin, dann stundenlang warten, dann kurz etwas essen und dann wieder warten, bis wir dann endlich am späteren Nachmittag unsere Rollen spielen konnten. Es war eisig kalt, wir sassen die meiste Zeit in einem ungeheizten Wohnwagen und hatten Angst, dass ich mich erkälten könnte. Das wollte ich natürlich Ende meiner Schwangerschaft nicht unbedingt durchmachen müssen. Jedenfalls war es ein sehr anstrengender und langer Tag. Im Film zu sehen waren dann nur ein paar wenige Sekunden, in denen wir beide zur Tür des Kurszimmers herauskamen. Ja, für diese paar Sekunden hatten wir den ganzen Tag am Filmset verbracht. Aber es war natürlich etwas Besonderes. Schliesslich war dies mein erster 'Filmauftritt'. Es war allerdings nicht das erste Filmset, das ich sah. Ich war einmal mit meinen Eltern und Geschwistern in den USA an einem Filmset von Miami Vice "dabei". Jedenfalls standen wir damals auf der anderen Strassenseite hinter der Absperrung und konnten mitansehen, wie die beiden Jungs dabei gefilmt wurden, wie sie aus ihrem Auto stiegen und in ein Hotel gingen. Diesen Teil hatten wir dann später tatsächlich einmal im Fernsehen auch nochmals gesehen. Ein anderes Mal waren wir auf Gran Canaria, als dort die Serie "Ich heirate eine Familie" gedreht wurde. Ich sass damals wohl auf dem Kamel, auf dem Minuten vorher noch der Hauptdarsteller gesessen hatte. Dies waren so ziemlich die aufregendsten Momente, die mit Filmsets zu tun hatten.

Ein paar Wochen nach meinem Krimi-Auftritt war es dann so weit. Mein Mann war bei der Arbeit, welche über eine Stunde von unserem Zuhause entfernt war. Ich war daheim und bemerkte etwa um 15 Uhr nachmittags, dass meine Fruchtblase geplatzt war. Ich rief dann zuerst einmal das Krankenhaus an. Mir wurde mitgeteilt, ich solle mich langsam auf den Weg ins Spital machen, aber ich bräuchte mich nicht zu beeilen, da es ja meine erste Geburt sei. Diese würde ja noch etliche Stunden oder Tage dauern. Also rief ich meinen Mann an, um ihm Bescheid zu geben, und bat ihn, sich auch langsam auf den Weg ins Spital zu machen. Dann packte ich meine für die Geburt vorbereiteten Sachen zusammen, marschierte mit der Tasche und einem riesigen Bauch los und wartete dann an der Bushaltestelle auf den Bus. Dann stieg ich in den Bus ein und rief zuerst einmal meine Mutter, die in der Schweiz war, an. Sie war ausser sich vor Sorge. Sie konnte es nicht verstehen, wieso ich denn alleine in einem Bus sitze, wenn ich doch gleich ein Kind bekommen würde. Ja, heute denke ich auch etwas anders darüber. Aber damals hatte ich keinerlei Bedenken. Es war für mich das Normalste, mit dem Bus ins Krankenhaus zu fahren, da ich diese Strecke auch für alle Voruntersuchungen genommen hatte. Wir hatten ja auch kein Auto. Und ich hätte auf ein Taxi viel länger als auf den Bus warten müssen. Meine Mutter klang völlig verzweifelt am Telefon, vor allem, weil sie mir überhaupt nicht helfen konnte, da wir so weit voneinander getrennt waren. Jedenfalls kam ich dann gut im Krankenhaus an und wartete dort sehr ungeduldig auf meinen Mann. Ich hatte bereits sehr starke Wehen, als er dann endlich eintraf. Es war schon fast 18 Uhr, als er mir dann endlich helfen konnte, mit den Schmerzen besser umzugehen. Seine Verbindungen vom Arbeitsplatz zum Krankenhaus waren an dem Tag nicht alle im direkten Anschluss zu erreichen. Entsprechend dauerte seine Fahrt zu mir einige Zeit länger, als es normalerweise dauern würde. Ich verzweifelte also beinahe, weil ich so lange alleine war.

Vor Schmerzen gequält, musste ich ständig erbrechen. Ich bat die für mich zuständige Krankenschwester dementsprechend immer wieder, mir ein Schmerzmittel zu geben. Es war so unangenehm, diese starken Wehen zu haben und gleichzeitig noch ständig erbrechen zu müssen. Die Krankenschwester meinte aber nur immer wieder zu mir, dass die Geburt noch länger nicht stattfinden würde. Es sei ja mein erstes Kind. Ihr zufolge würde ich mein Kind wohl erst in ein bis zwei Tagen bekommen. Entsprechend seien meine Schmerzen noch nicht so stark. Ich würde wohl etwas übertreiben. Ich sei vermutlich zu aufgeregt. Bis 20 Uhr bestätigte sie mir immer wieder, dass die Schmerzen sicherlich noch viel stärker werden würden. Sie sagte immer wieder zu mir, dass diese ersten Wehen so lange vor der Geburt noch sehr schwach seien. Ich solle mich darauf einstellen, dass ich in den nächsten etlichen Stunden noch wesentlich stärkere Schmerzen auszuhalten hätte.

Ich konnte dies nicht glauben, da ich das Gefühl hatte, dass diese Schmerzen an Stärke nicht mehr übertroffen werden konnten. Immer wieder musste ich vor Schmerzen erbrechen. Immer wieder bat ich um ein Schmerzmittel. Dann endlich meinte die Krankenschwester, dass sie mir jetzt etwas gegen die Schmerzen geben könnte, aber da mein Baby in meinem Bauch gerade ein Nickerchen mache, gehe dies im Moment leider nicht. Mir wurde erklärt, dass es nicht gut wäre, wenn ich Beruhigungsmittel bekommen würde, wenn das Kind nicht wach und aktiv sei. Man kann sich vermutlich vorstellen, wie ich mir vorkam. Es machte mich jedenfalls nicht gerade glücklich und zufrieden, das zu hören. Na ja, dann musste ich halt nochmals ohne Mittel diese Schmerzen aushalten.

Kurze Zeit später kam nochmals eine Situation, in der ich dachte, dass ich durchdrehen würde. Um 21 Uhr verlangte dann die Krankenschwester von meinem

Mann, das Krankenhaus zu verlassen. Er soll bitte nach Hause gehen. Sie werde ihn dann anrufen, falls das Kind tatsächlich doch noch in dieser Nacht auf die Welt kommen würde. Ansonsten könne er dann am folgenden Morgen wieder zu Besuchszeiten zu mir ins Zimmer kommen. Die Besuchszeit für diesen Abend sei nun vorüber.

Man kann sich vorstellen, wie ich mich fühlte. Ich stand kurz vor der Geburt meines Kindes, hatte unbeschreiblich starke Schmerzen, wollte meinen Mann an meiner Seite haben und alles, was die Krankenschwester tat, war, meinen Mann nach Hause zu schicken. Ich schaute meinen Mann an und sagte ihm, ich würde es ihm niemals verzeihen, wenn er wirklich nach Hause gehen würde. Er solle, weil die Vorschrift des Krankenhauses ihn um diese Zeit nicht als Besuch zuliess, unten vor der Krankenhaustüre warten. Er soll sich bitte keinen Meter vom Eingang entfernen. Ich sei mir sicher, dass die Geburt bald losgehen würde. Er war sich zwar unsicher, ob es wirklich so schnell gehen würde, da er meinte, die Krankenschwester hätte schliesslich jahrelange Berufserfahrung, aber er hatte dann doch auch begriffen, dass ich es ernst meinte. Mir war egal, wie viel Zeit die Krankenschwester bis zur Geburt einrechnete. Ich wusste, dass er nicht zu weit weggehen darf. Und er merkte, wie wichtig es mir war, dass er mir versprach, in der Nähe zu bleiben. Also befolgte er meinen Rat und ging wirklich nur vor die Tür. Ja, es dauerte nun wirklich nicht mehr lange. Als ich nun die Nachtschwester, welche mir nun zugeteilt wurde, nochmals um ein Schmerzmittel bat, meinte diese ganz ruhig zu mir, dass dies leider jetzt nicht mehr möglich sei. Das Baby sei nun auf dem Weg. Entsprechend könne ich kein Medikament mehr bekommen, da ich sonst nicht richtig bemerken würde, wann ich pressen müsste. Toll. Also musste ich diese Geburt wohl ohne jegliche Schmerzmittel durchstehen. Aber immerhin war gerade noch genügend Zeit, dass mein Mann wieder hereinkommen und bei mir sein konnte. Um 22:30 Uhr war mein Sohn dann schon geboren. Das beste Gefühl, das man fühlen kann. Die erlittenen Schmerzen spielten keine Rolle mehr. Ich war nur noch glücklich und froh. Wir hatten uns so lange auf unser Kind gefreut und nun war der Kleine da. Endlich konnte ich ihn in meine Arme nehmen, endlich konnte ich ihn küssen und endlich nah bei mir haben. Ein unbeschreiblich schönes Gefühl. Unser gesunder, kleiner Junge war auf die Welt gekommen.

Am nächsten Morgen, als die Krankenschwester des vorigen Nachmittags wieder zu ihrem Dienst erschienen war, meinte diese nur zu mir, dass ja mein Kind nun doch schon an dem Morgen zur Welt gekommen sei. Als ich ihr dann die Geburtszeit mitteilte, hatte sie ein richtig schlechtes Gewissen. Sie hatte sich entschuldigt, dass sie wohl meine Schmerzen völlig falsch eingeschätzt hatte. Wenn sie das gewusst hätte,

hätte sie mir natürlich etwas gegen die Schmerzen gegeben. Na ja, das war jetzt auch egal. Mein Sohn war geboren. Es war alles gut.

Am gleichen Vormittag, also ein Tag nach der Geburt, holte mich eine Kollegin vom Spital ab und begleitete mich und meinen Sohn nach Hause. Insgesamt war ich weniger als 24 Stunden in dem Spital. Schliesslich hatte mein Baby durchgeschlafen, während die anderen im Krankenzimmer ständig geschrien hatten. So hatte ich mich entschieden, nach Hause zu gehen, da ich dort vermutlich eher Schlaf finden könnte. Später an dem Tag, als meine Kollegin bereits wieder gegangen war und mein Mann auch bereits zuhause war, kam dann unser damaliger Mitbewohner, der beste Kumpel meines Mannes, von der Arbeit nach Hause, schaute kurz in unser Zimmer und sagte: "Aha, das Baby ist nun hier." Das war alles. Kann man sich das vorstellen? Wir wohnten seit einigen Monaten zusammen in dieser Wohnung, weil wir mehr Platz brauchten, aber nicht sehr viel Geld zur Verfügung hatten, um alleine eine angemessene Wohnung in der Nähe der Arbeit meines Mannes finanzieren zu können. Entsprechend kam uns diese Wohngemeinschaft sehr gelegen, da er seinen Anteil der Miete bezahlte. Aber nicht nur als Mitbewohner, sondern auch als Freund meines Mannes hätte ich erwartet, dass er mir einen Blumenstrauss und meinem Sohn etwas Kleines mitbringen würde. Es hätte nicht viel Geld kosten müssen, es hätte auch nur eine Glückwunschkarte sein können. Aber zumindest hätte er mich und meinen Sohn anständig begrüssen können und fragen können, wie es uns geht. Aber da hatte ich wohl zu hohe Erwartungen. Er hielt sich irgendwie ständig aus allem heraus. Na ja, ich dachte mir, es sei vielleicht auch besser so. Wenn er mit Kindern vielleicht nicht gut umgehen kann, dann soll er sich halt von uns fernhalten. Ich arrangierte mich jedenfalls irgendwann mit seiner Art.

Als mein Mann am Abend der Geburt noch meiner Mutter Bescheid gegeben hatte, dass unser Sohn auf die Welt gekommen sei, buchte sie umgehend einen Flug nach London und war zwei Tage später schon bei uns. Mein Sohn war damals ihr erstes Enkelkind. Sie genoss die Zeit bei uns. Meine Mutter sorgte sich sehr gerne um den Kleinen. Und sie sorgte sich natürlich auch um mich. Es war eine tolle Zeit. Ich war ihr sehr dankbar. Ihre Unterstützung tat mir sehr gut. Sie umsorgte den Kleinen dermassen toll, dass ich mir überhaupt keine Sorgen machen musste. Und ich konnte mich währenddessen sehr gut von den Strapazen der Geburt erholen. Wir hatten einfach eine wirklich schöne Zeit.

Als mein Sohn ein Monat alt war, reiste ich mit ihm zusammen das erste Mal in die Schweiz. Mein Vater und meine Geschwister sollten schliesslich meinen Sohn auch bald kennenlernen. Und so war das Datum eigentlich ganz gut gewählt. Meine Grossmutter wurde nämlich damals, als mein Sohn ein Monat alt war, 80 Jahre alt.

Und so konnte meine Grossmutter ihren 80. Geburtstag feiern und zugleich ihren ersten Urenkel kennenlernen. Gleichzeitig lernten meine Tanten, Onkel, Cousins und Cousinen meinen Sohn an diesem Fest kennen, wodurch ich nicht zu allen einzeln gehen musste, um ihn vorzustellen. Dies ging an diesem Geburtstagsfest alles auf einmal. Meine Grossmutter war absolut begeistert. Sie durfte an ihrem runden Geburtstag ihren ersten Urenkel im Arm halten. Ja, ich freute mich auch, dass ich ihr diese Freude machen konnte, aber es war schon nicht ganz so einfach, alleine mit einem fast neugeborenen Baby mit dem ganzen Gepäck von London in die Schweiz zu fliegen. Es brauchte schon ziemlich Nerven. Aber ich war damals sehr flexibel und mich konnte nichts so schnell aus der Fassung bringen. Ich marschierte ja damals in London mit dem Kleinen schlafend in meinem Arm, mit dem Rucksack auf dem Rücken, dem Kinderwagen mit dem Koffer mit der anderen Hand vor mir stossend, einer Sporttasche an dem Wagengriff befestigt und einer Wickeltasche über die Schulter gehängt durch den Flughafen. Bei der Gepäckkontrolle war es etwas mühsam, da damals in London alle Gepäckstücke auf das Band gelegt werden mussten und der Kinderwagen sehr genau untersucht wurde. Aber immerhin konnte ich den Kinderwagen dann bis zum Flugzeug mitnehmen. Dort nahm ich dann die Babytragtasche aus dem Kinderwagen, gab das Wagengestell vor dem Flugzeug ab und konnte dann meinen Sohn im Flugzeug in seinem eigenen Körbchen vor mir in die Halterung legen. Das ersparte mir dann ein unnötiges Umräumen. Natürlich war es dann eine Zeit lang etwas mühsam für die anderen Fluggäste, als er zu weinen anfing. Aber da er Hunger hatte, war er durch das Stillen dann auch gleich wieder ruhig. Vermutlich hatte der Geschäftsmann neben mir nicht so Freude, dass er neben einem fast Neugeborenen sitzen musste. Aber andere Leute schauten dann gerne mal kurz ins Körbchen und strahlten. Jedenfalls hatten wir die Reise gut überstanden, meine Familie lernte meinen Sohn kennen und bald darauf flogen wir wieder zum Papi nach England zurück.

4. Horrorfund auf dem Kühlschrank und Wohnungen, in denen wir tatsächlich lebten

Einige Wochen nach dem Kurzurlaub in der Schweiz gab es in unserer Wohnung in London eine Situation, die absolut unglaublich war. Man kann vermutlich nicht glauben, was wir damals auf unserem Kühlschrank gefunden hatten. Nein, das kann man eigentlich wirklich nicht glauben. Ich wollte es auf jeden Fall auch nicht glauben, bis ich es mit eigenen Augen gesehen hatte und dann fast durchgedreht war. Ich sass mit meinem Sohn in meinem Schoss auf dem Bett und spielte mit ihm. Wir hatten es sehr lustig miteinander. Na ja, mein Sohn war noch sehr klein und konnte noch nicht einmal alleine sitzen. Aber wir hatten unseren Spass. Dann hörte ich die Wohnungstür aufgehen und sagte zu meinem Sohn, dass sein Papi soeben von der Arbeit nach Hause gekommen sei. Mein Mann begrüsste uns dann ganz herzlich und ging dann ziemlich bald in die Küche, um für uns das Abendessen zu kochen. Bis dahin schien ja alles noch ganz normal abzulaufen.

Doch dann kam mein Mann in das Zimmer zurück. Schon als er den Kopf durch die Tür hielt, bemerkte ich sofort, dass etwas nicht stimmte. Mein Mann war wirklich bleich im Gesicht. Ja, auch Dunkelhäutige können das. Er wurde nicht kreidebleich, aber für seine sonstige Gesichtsfarbe eben sehr bleich. Ich sah ihm den Schock an, unter dem er Stand. Er sah aus, als hätte er einen Geist gesehen. Mir wurde sofort sehr unwohl. Mein Mann schaute mich an und fragte mich, ob ich mir vorstellen könne, was er da soeben auf dem Kühlschrank gefunden hatte. Nein, natürlich konnte ich mir das nicht vorstellen. Ich dachte dann ja zuerst, es sei vielleicht eine grosse Spinne oder eine Maus. Aber dem war nicht so. Was er gefunden hatte, kann ich heute noch fast nicht glauben. Mein Mann sagte nach meiner Verneinung zu mir, er hätte auf dem Kühlschrank eine Waage gefunden. Ich verstand in dem Moment den Zusammenhang zwischen einer Waage in der Küche und dem Gesichtsausdruck des Horrors meines Mannes nicht. Er sah, dass ich nicht geschockt reagierte und erklärte mir weiter, dass es keine Küchenwaage sei, mit der man Mehl oder Zucker abwäge. Es sei eine Drogenwaage.

Was? Ich glaubte, ich hätte mich verhört und musste mich vergewissern. Also bat ich meinen Mann, das zu wiederholen. Er sagte mir nochmals klar und deutlich, dass auf unserem Kühlschrank eine Waage für Drogen sei. Ich konnte es immer noch nicht glauben und fragte nach, woher er das denn wissen wolle. Er meinte dann nur, dass es ganz eindeutig sei. Es seien kleine Päckchen in dem Plastiksack und weisser Staub in der Waagschale. Er könne sich dies nur so erklären. Es sehe aus wie in den Filmen.

Ich kam mir jedenfalls genauso vor. Wie in einem schlechten Film. Das kann doch nicht wahr sein, oder etwa doch?

Ich hatte noch nie etwas mit Drogen zu tun. Und es war auch ganz klar, dass mein Mann nichts damit zu tun hatte. Entsprechend konnte es nur unser Mitbewohner gewesen sein, der diese Waage in unserer Küche deponiert hatte. Ich konnte es eigentlich immer noch nicht fassen. Ich musste dann kurz in die Küche gehen, um mir das selbst anzuschauen. Ich konnte es immer noch fast nicht glauben, aber die ganzen Sachen auf dem Kühlschrank sahen tatsächlich so aus, als wären es irgendwelche Drogen, teilweise bereits abgepackt für den Verkauf, nehme ich an. Ich war absolut schockiert über den Fund. Und dann über die Dreistigkeit unseres Mitbewohners. Ich wurde dann auch schlagartig richtig wütend. Ich war dermassen enttäuscht. Und ich war auch stinksauer auf meinen Mann. Weshalb? Weil er mir versichert hatte, dass sein Kumpel ein anständiger Kerl sei, der einen anständigen Job habe und die Miete regelmässig zahlen würde. Nur deswegen habe ich mich darauf eingelassen, mit ihm eine Wohnung zu teilen. Ich vertraute dem Urteil meines Mannes. Und nun so etwas? Wow, das war echt zu viel für mich. Ich war mit einem etwa zweimonatigen Baby in einer Wohnung, in deren Küche Drogen und eine Drogenwaage lagen. Das musste doch ein Witz sein, oder? Nein, ich konnte es immer noch nicht fassen. Ich fing an, mit meinem Mann zu schimpfen. Aber mein Mann konnte sich die ganze Sache ja auch nicht erklären. Er hätte so etwas nie von seinem Kumpel gedacht. Und auch er war stinkwütend auf seinen Kumpel.

Wir hatten keine andere Wahl, als abzuwarten, bis der Kumpel nach Hause kam. Mein Mann stellte ihn dann sofort zur Rede, schrie ihn an, schimpfte mit ihm und liess ihn seine Wut spüren. Sie hatten sich beinahe die Köpfe eingeschlagen. Ich rief dann vom abgeschlossenen Zimmer aus, da ich es aus Angst vor der Reaktion des Kollegen verschlossen hatte, dass sie bitte sofort damit aufhören sollen. Denn, hätte jetzt ein Nachbar die Polizei gerufen, weil sie sich anschrien und sich prügelten, wären wir alle völlig aufgeschmissen gewesen. Darauf reagierten die zwei Herren dann zum Glück. Dann beruhigten sich die beiden und setzten sich dann fast zivilisiert an den Tisch im Wohnzimmer. Als ich hörte, dass sie immer ruhiger miteinander redeten, ging ich dann dazu. Ich erklärte den beiden, dass diese Ware sofort, in den nächsten Minuten, aus der Wohnung müsse. Ansonsten sei es viel zu gefährlich. Mir war egal, ob der Kumpel eine Idee hatte, wohin er damit gehen sollte oder nicht. Mir war nur völlig klar, dass die Ware sofort aus unserer Wohnung verschwinden musste. Ich konnte nicht länger dulden, dass diese Ware da war. Man muss sich vorstellen, wie ich da mit einem solch kleinen Baby in einer Wohnung sass, während nebenan in der Küche solche Dinge auf dem Kühlschrank standen. Man kann es wirklich kaum glauben. Aber es war wirklich so passiert. Ich machte diesem Kumpel klar, dass ich ihm dies niemals verzeihen würde. Schliesslich hatte er mich und mein Baby in grösste Gefahr gebracht. Wäre die Polizei ihm zum Beispiel gefolgt und hätten die Polizisten die Wohnung durchsuchen wollen, wären wir einer grossen Gefahr ausgesetzt gewesen. Und mein Mann wäre sicherlich mit verdächtigt worden, womöglich sogar auch gleich mit verhaftet worden. Wie konnte dieser Typ uns nur in so etwas hineinziehen? Ich habe ihm gesagt, ich wolle ihn die nächsten Tage nicht mehr in der Wohnung sehen. Er solle bitte bei Freunden unterkommen. Ich hätte nicht länger mit ihm dort wohnen können. Ich habe ihm ausserdem gesagt, dass ich ihn niemals wieder sehen wolle.

Es versteht sich von selbst, dass ich tags darauf sofort eine neue Wohnung gesucht hatte. Und tatsächlich konnten wir einige Tage darauf in die neue Wohnung einziehen, nur ich und meine kleine Familie. Das Thema Kumpel war für mich somit erledigt. Jedenfalls bis zu dem Tag, an dem ich ihn auf der Strasse antraf. Aber ich liess ihn dort mit meinem Mann stehen, sagte meinem Mann, er solle in dessen Nähe aufpassen und dass ich nicht in seiner Nähe sein wolle. Ansonsten war das Thema für mich erledigt. Ich wollte mit einem solch unvernünftigen, kriminellen Typen nichts zu tun haben. Und so kam es, dass ich, mein Mann und unser Sohn in eine Wohnung umgezogen waren, in der wir uns wohlfühlten und von der aus wir dann später in die Schweiz gezogen waren.

Es war eine kleine, aber schöne Wohnung in einem angenehmen Viertel, etwas ausserhalb der Stadt in der Nähe des Flughafens Heathrow. Dort lernte ich einige nette Leute kennen, welche sogar noch einige Zeit nach unserem Wegzug in die Schweiz in Verbindung mit mir standen. Eine Wohnung nur für uns. Ja, wenn ich zurückdenke an all die Wohnungen, in denen wir in London gelebt hatten, war dies eine von zwei Wohnungen, in der wir ohne Mitbewohner und ohne Probleme gelebt hatten.

Das Thema Wohnungen war in London immer so eine Sache. Wohnungen sind einfach viel zu teuer in der Stadt. Anfangs, nach meinen ersten Aufenthalten in London, wohnten wir mit zwei Mitbewohnern zusammen. Ziemlich mühsam an dieser Wohnung war, dass man die Elektrizität nur dann nutzen konnte, wenn man den Schlüssel für den Strom-Schrank aufgeladen hatte. Man konnte jeweils 20 Britische Pfund aufladen, damit man etwa für zwei Wochen Strom hatte. Und jeder der Mitbewohner war abwechselnd mit Aufladen an der Reihe. Da aber die beiden Mitbewohner auch kaum Geld hatten, passierte es immer wieder, dass wir nicht kochen konnten und nur mit Kerzen ins Badezimmer gehen konnten. Das war echt mühsam. Aber später mussten wir da dann sowieso ausziehen. Dann zogen wir in eine Wohnung, ein sogenanntes Studio, die eigentlich nur aus einem Zimmer und einem Badezimmer bestand. Wir hatten ein Bett, einen kleinen Tisch mit vier Sesseln, eine Küche, die sich auch in diesem selben Zimmer befand, und ein kleines Bad mit Toilette und Dusche. Von dieser Wohnung aus musste ich jeweils einige Strassen weiter marschieren, um die Wäsche zu machen. Das war wie in den Filmen, in denen man neue Freunde findet, während man auf die Wäsche wartet. Nur wartete dort niemand auf die Wäsche, während sie in der Waschmaschine war. Man wusste ja, wie lange die Wäsche dauern würde, also kam man erst zurück zu diesem Waschsalon, wenn man die Wäsche dann bald aus der Maschine nehmen konnte. Bis diese fertig war, war die Maschine ja abgeschlossen. Somit konnte keiner die Wäsche klauen. Beim Verwenden des Trockners war das dann eine andere Sache. Die Trockner konnte man jederzeit öffnen, also musste man da schon darauf warten, dass dieser sein Programm beendet hatte, wenn man noch Wäsche vorfinden wollte. Viele Leute hatten aber die Wäsche stets nach dem Waschen aus der Maschine genommen und offensichtlich zuhause aufgehängt. Dazu hatten wir aber keinen Platz zuhause. Also sass ich oft ganz alleine in diesem Salon, liess ein Buch oder lernte Englisch und wartete, bis die Wäsche endlich sauber und trocken war. Mühsam daran war nicht nur das Herumtragen der Wäsche, vor allem im Winter, wenn es schneite, sondern auch, weil man immer 20-Pence-Stücke benötigte. Um diese zu erhalten, musste man in die Bank zum Wechseln gehen. In anderen Wechselbüros gaben sie einem keine Münzen. So musste man also immer daran denken, rechtzeitig zur Bank zu gehen, denn diese hatten jeweils nur ganz beschränkte Öffnungszeiten. Ja, das war eine Aufgabe. Daher schätzte ich es umso mehr, als wir in anderen Wohnungen eine Maschine in der Küche eingebaut hatten. Das sparte wirklich viel Zeit.

Ein anderes Mal wohnten wir mit einer Familie zusammen. Also wir hatten unser Zimmer, aber wir mussten die Küche und das Bad mit einer Familie teilen. Ich weiss nur noch, dass ich nicht sehr gut schlafen konnte in dieser Wohnung, da es mich ständig in der Nase gereizt hatte. Die halben Nächte hatte ich niesen müssen. Es war nicht so, dass es eine Pflanze oder ein Tier gehabt hätte, worauf ich allergisch reagiert hatte. Aber ich konnte an den starken und extrem scharfen Gerüchen, die aus der Küche kamen, nicht ohne zu niesen vorbeigehen. Irgendwie waren diese Gewürze im ganzen Haus verteilt. Und ich musste auch niesen, obwohl wir die Fenster weit offen hatten. Es hatte mich einfach ständig gereizt. Andere Leute, andere Sitten. Und diese Familie hatte andere Sitten. Sie hatten einfach wirklich äusserst scharf gekocht und gegessen. Es war sehr unangenehm in dieser Wohnung. Dort wohnten wir nicht lange.

Von dort zogen wir in eine Wohnung um, bei der wir die Küche und das Badezimmer mit einem Herrn teilen mussten. Die Mieten in der Stadt waren einfach zu hoch. Mir war es nicht immer angenehm, Bad und Küche zu teilen, aber ich war jung und fand mich mit vielen Dingen einfach ab. In dieser Wohnung hatten wir auch einfach ein

Zimmer für uns. Und in dieser Wohnung lebten wir, als wir geheiratet hatten. Meine Familie, die damals ja zu unserer Hochzeit nach England gekommen war, wollte unbedingt sehen, wo und wie wir so lebten. Ach, was hätte ich dafür gegeben, wenn wir dazumal in einer anderen Wohnung gewohnt hätten. Wie oft hatte ich meine Familie gebeten, nicht darauf zu bestehen, unsere Unterbringung ansehen zu wollen. Aber sie liessen sich nicht davon abbringen. Leider. Ich musste sie zu unserer Wohnung begleiten und ihnen zeigen, wo wir damals gelebt hatten.

Ich weiss noch, dass es abends war. Es war bereits dunkel geworden, als wir auf dem Weg waren. Als wir dann bei unserer Strasse ankamen, sagte ich ihnen, dass ich gleich hinter diesen Shops den Eingang in die Wohnung hätte. Ich hoffte so sehr, dass dies reichen würde. Aber sie wollten unbedingt in meine Wohnung hineingehen und sich davon überzeugen, dass es mir dort gut gehe. Also mussten wir um die Häuser gehen und dann hinter den Shops durch die bereits dunkle Gasse zu unserer Wohnung marschieren. Zwischendurch musste ich meinen Eltern sagen, dass sie bitte aufpassen sollen, dass sie nicht über die Müllsäcke stolpern, die alle dort inmitten der Gasse gelagert waren. Es hat gestunken. Es war dunkel. Es war gruselig. Und ich hatte mich da schon sehr geschämt. Dann kamen wir an der Wohnungstür an. Meine Familie konnte eigentlich nicht glauben, dass ich tatsächlich in einer solchen Gasse leben würde. Aber sie sahen, dass ich die Tür mit meinem Schlüssel aufmachte. Wir kamen in das sehr schmale Treppenhaus. Oben angekommen sagte ich ihnen, dass die erste Tür zu dem Zimmer unseres Mitbewohners gehöre. Dann kam die zweite Tür, unser Bad. Einer nach dem anderen wollte da hineinschauen, was gar nicht so einfach war, denn der Flur der Wohnung war sehr eng und man konnte fast nicht aneinander vorbeigehen. Nach dem Badezimmer kamen wir dann zu der ganz kleinen Küche. Eigentlich befand sich dort nur ein Schrank mit etwas Geschirr, ein Kühlschrank, ein Kochherd und ein Abfalleimer. Das war die ganze Küche. Auch dort war es so eng, dass nur einer nach dem anderen einen Blick hineinwerfen konnte. Dann ging es eine weitere schmale Treppe hoch. Da oben befand sich unser Zimmer. Darin befand sich ein Bett, ein Schrank und sonst gar nichts. Unsere Koffer mit Klamotten standen an einer Wand. Ansonsten war kein übriger Platz in diesem Zimmer. Ich habe mich geschämt. Es war mir wirklich peinlich, meiner Familie zu zeigen, dass ich so wohnte. Und es war mir unangenehm, da ich durch die Besichtigung der Wohnung die Ängste meiner Eltern nicht etwa verschwinden lassen konnte, sondern diese dadurch noch grösser wurden. Meine Eltern waren nicht begeistert, dass ich in solch einer Behausung untergekommen war. Ja, das war wirklich unangenehm für uns alle.

Aber ich war irgendwie richtig froh darüber, dass nichts Schlimmeres passiert war. Etwa eine Woche vor dem Besuch hatten wir nämlich Mäuse in der Küche. In dem Abfalleimer hatte es geraschelt und als ich nachgesehen hatte, schaute mich eine kleine Maus von einem Plastiksack im Abfalleimer aus an. Ich war froh, dass diese Maus nicht etwa meiner Familie "guten Tag" sagen wollte und dass ich diese aus der Küche gebracht hatte, bevor meine Familie zu Besuch war. Das hätte noch viel mühsamer ausgehen können. Man stelle sich vor, dass einige zusammen in der engen Küche gestanden hätten, während eine Maus über den Boden gerannt wäre. Das hätte ein Chaos gegeben. Also immerhin ist mir das erspart geblieben.

Ja, das waren Wohnverhältnisse. Eine Wohnung war schlimmer als die andere. Es ist leider schon so, dass auch kleinste Wohnungen in London so teuer zu mieten waren, wie es grosse Wohnungen oder gar Häuser in der Schweiz in der Region meiner Eltern waren. Vermutlich hätten wir ausserhalb der Stadt auch günstigere Wohnungen gefunden. Das ist schon möglich. Aber den langen Arbeitsweg in die Stadt wäre dann dermassen mühsam gewesen, dass sich das nicht wirklich anbot. Schliesslich hatte mein Mann bereits von diesen Wohnungen, in denen wir lebten, einen Arbeitsweg von meistens über einer Stunde.

Auch ich musste jeweils mit dem Bus oder der U-Bahn fast eine Stunde fahren, wenn ich etwas Spezielles benötigte oder einfach mal wieder in die Stadt wollte. Die U-Bahn war nicht ganz so anstrengend mit dem kleinen Baby, dem Kinderwagen und dem ganzen Zeug, das man als Mami so dabei hat. Wenigstens waren die Treppen, falls es nicht sogar einen Lift oder Rolltreppen gab, sehr breit. Entsprechend konnte ich den Wagen mitsamt Baby und Taschen an meine rechte Hüfte stützen, mit dem Arm über den Wagen greifen und ihn so die Treppen hinauf- und hinuntertragen. Das ging meistens ziemlich gut. In den Bus zu steigen gab dann aber schon des Öfteren Probleme. Vor allem diese bekannten roten Doppeldeckerbusse waren etwas mühsam. Da gibt es nämlich beim Einsteigen eine Stange, die einfach wirklich völlig im Weg ist. Da kam ich mit dem Kinderwagen nicht hinein. Ich musste also, um in den bekannten Londoner-Bus einsteigen zu können, den Kinderwagen jeweils zusammen falten. Und gleichzeitig das Baby halten. Das war ziemlich mühsam. An einigen Bushaltestellen wusste man nicht, welche Art Bus vorbeikommen würde, also musste man sich für den roten Bus bereit machen. Aber es gab eben auch die anderen, neuen Busse, bei denen das Einsteigen ohne Umstände möglich war. Man konnte den Kinderwagen einfach hineinschieben und fertig. Ja, diese mühsame Art, durch die Stadt zu kommen, nervte mich oftmals. Aber ich war immer froh, dass ich nicht noch weiter ausserhalb der Stadt wohnte, denn dann hätte ich noch häufiger umsteigen müssen. Aber wie gesagt war halt die Nähe der Stadt automatisch mit hohen Kosten verbunden. Und deshalb wohnten wir einfach oftmals nicht alleine in der Wohnung, damit wir die Kosten niedriger halten konnten. Nun, da waren einige sehr mühsame Wohnverhältnisse dabei, wie ich ja erklärt habe. Es gab noch einige andere

Wohnungen, aber die sind nicht ganz so spannend zu beschreiben. Alle hatten zwar ihre eigene Geschichte, aber diese waren wohl die verrücktesten Wohnungen.

5. Familienurlaub endete im Spital und Gefängnis

Wenn ich nun nochmals zurückdenke an den Fund auf unserem Kühlschrank, kommt mir eine Geschichte in den Sinn, die zwar nicht direkt mit Drogen zu tun hatte, aber jedenfalls schon sehr in diese Richtung ging. Ich, mein Mann und mein etwas über einjähriger Sohn waren in den Urlaub geflogen und hatten dort meine Eltern und meinen Bruder getroffen, damit wir dort gemeinsam Urlaub machen konnten. Es war unser erster Familienurlaub im Ausland. Da wir zuvor lange Zeit in England lebten und keinen Babysitter hatten für unseren Sohn, planten ich und mein Mann eines Abends, uns einen schönen Abend als Paar zu machen, während meine Eltern und mein Bruder auf unseren Sohn aufpassen würden. Diesen Abend werde ich wohl auch nie vergessen. Obwohl ich vieles, was an diesem Abend vorgefallen war, vergessen hatte. Wir waren also dort in einer Bar. Schlagartig wurde es mir total übel und ich fühlte mich schläfrig, verwirrt und völlig benommen. Mein Mann begleitete mich dann nach draussen an die frische Luft. Dann brach ich anscheinend zusammen. Einige Stunden später wachte ich in einem Krankenhaus auf, immer noch völlig benommen und hatte keine Ahnung, wo ich war oder wo mein Mann war.

Ich hatte grosse Angst. Ich wusste nicht, was mit mir oder meinem Mann passiert war. Endlich wurde mir dann wenigstens mitgeteilt, was angeblich mit mir passiert war. Der Arzt sagte mir, dass ich wohl etwas in meinem Getränk gehabt hätte, das mich bewusstlos machte. Er vermute, es seien K.O.-Tropfen gewesen. Ich rief in unser Hotel an und meine Eltern sagten mir dann, dass sie sich grosse Sorgen um uns gemacht hätten. Und sie mussten mir dann mitteilen, dass sie auch keine Ahnung hatten, wo mein Mann war. Ich fühlte mich zwar immer noch etwas benommen und sehr schwach, musste mir aber umgehend ein Taxi rufen und ins Hotel fahren. Dort angekommen teilte meine Familie mir mit, dass mein Mann immer noch nicht wieder aufgetaucht sei. Ich kriegte Panik. Ich wusste nicht, ob ihm etwas Schlimmes zugestossen war. Ich wusste nur, dass er nicht in dem Krankenhaus lag, von dem ich gerade gekommen war. Mehr wusste ich nicht. Ich fragte dann auch gleich an der Rezeption des Hotels, ob sie meinen Mann vielleicht gesehen hätten oder etwas von ihm gehört hätten. Aber Fehlanzeige. Ich wurde immer nervöser und ängstlicher.

Dann kam endlich der Rezeptionist auf mich zu und sagte mir, dass ich an der Rezeption unten warten müsse, da die Polizei schon auf dem Weg ins Hotel sei. Diese Nachricht beruhigte mich überhaupt nicht. Was wollte mir die Polizei persönlich mitteilen? Ich drehte fast durch. Ich war froh, dass mein Vater und mein Bruder mit meinem Sohn zusammen zum Strand hinunter gegangen waren. Nur meine Mutter blieb bei mir, um mich zu unterstützen. Aber ich wollte nicht, dass einerseits mein

Sohn die Hektik und die Angst von mir mitbekam, andererseits wollte ich auch nicht, dass meine Familie meinetwegen im Urlaub im Hotel herumsitzen musste, wenn sie mir eh nicht wirklich helfen konnten. Es war schlimm.

Dann endlich kamen zwei Polizisten ins Hotel, gingen an die Rezeption und kamen danach gleich auf mich zu. Ich war ziemlich erstarrt vor Angst, was ich wohl gleich zu hören bekäme. Diese Polizisten fragten mich, ob ich meinen Mann kenne und danach, ob ich seinen Pass hätte. Ja, den Pass mussten wir im Hotel an der Rezeption hinterlegen. Entsprechend musste der Pass auch dort aufzufinden sein. Das war er auch. Dann bekam ich endlich ein wenig Auskunft darüber, wo mein Mann sei und was denn los sei. Mein Mann sei seit gestern Abend im Gefängnis. Ich könne gerne zu der Polizeistation kommen und dann dort mit ihm sprechen. Ich fragte natürlich, ob es ihm gutgehe oder ob er verletzt sei oder so. Darauf wollten mir diese Polizisten nicht wirklich antworten. Ich sagte ihnen, dass ich einen ganz kleinen Jungen hätte und sonst schon mit den Nerven völlig am Ende sei. Ich bat sie also nochmals, mir zu sagen, ob er einen Unfall hatte oder wie schwer er verletzt war, falls er das war. Darauf antworteten sie endlich, dass mein Mann keinen Unfall gehabt hatte und dass er nur leichte Kratzer im Gesicht aufwies, ansonsten ginge es ihm den Umständen entsprechend gut.

Ich war nun zumindest ein wenig beruhigter, aber ich konnte mir immer noch nicht vorstellen, was denn passiert sein sollte. Jedenfalls nahm ich dann so rasch wie möglich ein Taxi und fuhr zu dieser Polizeistation, um zu erfahren, wie es meinem Mann wirklich ging und was ihm passiert war.

Mein Mann, als er dann endlich zu mir ins Vernehmungszimmer, in dem ich warten musste, gelassen wurde, hatte eine Wunde an der Stirn, etliche blaue Flecken und sah allgemein nicht aus, als wäre er in allzu gutem Zustand. Er fragte mich dann als erstes, wie es denn mir gehe und wie es unserem Sohn gehe. Ich erklärte ihm, dass ich im Krankenhaus war und danach im Hotel. Es gehe unserem Sohn bestens. Dann erklärte mir mein Mann, dass er vorige Nacht, als ich vor der Bar zusammengebrochen war, Hilfe hatte holen wollen. Er sei auf der Strasse zu einem Polizeiauto gerannt und hätte diese Polizisten gebeten, mir zu helfen und für mich einen Krankenwagen zu holen. Die Polizisten hätten zwar angehalten und seien ausgestiegen, aber sie hatten ihn als Erstes nach seinem Ausweis gefragt. Mein Mann sagte daraufhin den Polizisten, dass seine Frau bewusstlos vor der Bar liege und sie ihr dringend helfen sollten. Aber die Beamten wollten nicht hören, was er sagte. Sie wollten seinen Ausweis sehen. Mein Mann erklärte dann, dass er seinen Pass im Hotel habe deponieren müssen. Dies hatten die Beamten ihm nicht geglaubt. Dann wollten sie meinen Mann festnehmen, weil er sich nicht ausweisen konnte. Aber mein Mann wollte dies natürlich nicht zulassen, weil seine Frau, also ich, immer noch bewusstlos am Strassenrand gelegen hatte. Also wehrte sich mein Mann gegen die Festnahme und bat die Polizisten ständig wieder und wieder, sie sollen mir doch bitte helfen und einen Krankenwagen bestellen. Dann packten sie meinen Mann, verprügelten ihn, schlugen ihn ins Gesicht, in den Bauch, in die Beine und schnallten ihm dann die Handschellen um. Dann nahmen sie ihn mit auf deren Revier und befragten ihn. Er erklärte den Polizisten immer wieder die Situation, in der er sich befand und in der ich mich vermutlich immer noch befand, und bat diese, ins Hotel zu fahren und seinen Pass dort abzuholen. Oder sie sollten zumindest dort anrufen, um sich das bestätigen zu lassen. Aber die Beamten wollten das nicht hören. Sie hatten für sich bereits eine Erklärung gefunden und ihre Verurteilung bereits getroffen. Sie waren davon überzeugt, dass mein Mann, da er ohne Pass unterwegs war, illegal dort sei. Entsprechend wollten sie ihn direkt ins Gefängnis stecken. Mein Mann erklärte nochmals, dass er mit mir verheiratet sei, in London lebe und nun dort Urlaub mache. Aber die Beamten schienen sich dies nicht länger anhören zu wollen. Sie hatten ihn nochmals verprügelt, diesmal sogar mit Stöcken. Danach sperrten sie ihn in eine Gefängniszelle.

Ich war erschrocken. Dies war unser erster längerer Familienurlaub, ich landete im Krankenhaus und mein Mann im Gefängnis. Und mein Mann musste Polizeigewalt erleben. Die Polizisten dort nahmen einfach an, dass mein Mann bestimmt ein illegaler Einwanderer sei, weil er keinen Ausweis mit sich führte, da dieser ja im Hotel deponiert werden musste. Sie dachten, er sei mit einem Boot von Afrika aus zu diesen Inseln gefahren und würde sich nun dort ohne Bewilligung aufhalten. Aber wieso hätte er denn einen Streifenwagen aufhalten wollen? Und wieso hätte er um Hilfe für seine Frau bitten sollen? Wieso hätte er gebettelt, dass sie bitte einen Krankenwagen rufen? Und wieso konnten sie nicht einfach kurz im Hotel nachfragen, ob er eingecheckt hatte, ob er einen Pass dort hatte und ob er offiziell dort sei? Und dann die Frage aller Fragen: Wieso hatten sie ihn mehrmals verprügelt? Mehrere Polizisten hatten ihn geboxt und gekickt. Zuerst auf der Strasse beim Streifenwagen, dann bei der Ankunft auf der Wache und danach in der Gefängniszelle. Da versteht man die Welt oftmals nicht.

Und ich sass nun da und konnte nur kurze Zeit mit ihm reden. Dann wurde er auch schon wieder abgeführt. Endlich konnte ich dann meine Aussage machen und denen alles bestätigen. Den Pass hatten sie ja bereits im Hotel bekommen. Nun hatte ich ihnen erklärt, was ich die letzte Nacht durchgemacht hatte. Dann endlich hatten sie verstanden, dass sie falsche Tatsachen über meinen Mann annahmen. Dann wurde mit einem Anwalt noch eine Anzeige aufgenommen gegen die Polizisten und deren Gewaltanwendung meinem Mann gegenüber. Aber das war völlig aussichtslos. Die Polizisten hatten behauptet, mein Mann hätte sich vor dem Streifenwagen dermassen gewehrt, dass sie ihn mit Gewalt hätten festhalten müssen. Dabei sei es vermutlich zu einem Sturz meines Mannes gekommen. So seien die blauen Flecken und die Kopfverletzung entstanden. Sie hätten meinen Mann zu keiner Zeit verprügelt oder ihm sonstige Gewalt angetan. Ja, so endete es und mein Mann wurde nach der Abwehr dieser Anzeige gegen die Polizisten freigelassen. Der restliche Urlaub war dann nicht mehr ganz so schön, wie wir es uns anfangs erhofft hatten. Schliesslich konnten wir uns nicht einfach erholen, sondern mussten uns dann erstmals von den Strapazen des Urlaubes selbst erholen. Aber zum Glück ist wenigstens nichts noch Schlimmeres passiert.

6. Trennung und Scheidung

Nach dem Stress mit dem Kumpel und dem Kühlschrank-Thema in der letzten Wohnung verbrachten wir nun einige Zeit in unserer eigenen Wohnung in der Nähe des Flughafens und näher beim Arbeitsplatz meines Mannes. Diese Zeit damals schien allerdings wie im Flug zu vergehen. Ich besuchte mindestens einmal wöchentlich eine Krabbelgruppe, in der ich sehr gute Freunde und Freundinnen gefunden hatte und in der sich mein Sohn auch völlig wohlfühlte. Ab und zu wurden wir dann zu Geburtstagsfesten oder zum Zusammensitzen bei den Freunden meines Sohnes eingeladen. Einige von der Krabbelgruppe trafen sich auch jeweils an einem Nachmittag in der Woche in einem Spielcenter. Dort hatten alle unsere Kinder ganz viel Spass. Da hatte es grosse Pools, die mit Gummibällen gefüllt waren, es hatte Kletterwände, Rutschbahnen, verschiedene kleine Fahrzeuge und einen grossen Parcours, bei dem die Kinder über weiche Schaumstoffteile klettern konnten, unter Hindernissen durchkriechen mussten oder sich zwischen verschiedenen Schaumstoffrollen durchquetschen durften. Sie konnten balancieren lernen oder sich an Seilen umherschwingen. All dies, ohne sich zu verletzen, wenn sie das Gleichgewicht verloren, da alles ganz weich war. Teilweise gingen wir Eltern mit den Kindern mit, teilweise sassen wir auch einfach bei einem Stück Kuchen zusammen und beobachteten unsere Kids. Wir hatten jedenfalls eine gute Zeit in London.

Als mein Sohn zwei Jahre alt war entschieden wir uns allerdings dafür, als ganze Familie in meine Heimat zu ziehen. Ich hatte in London keine Arbeit gefunden, bei der ich mehr Geld verdienen würde, als dass ich für einen Babysitter hätte bezahlen müssen. In der Schweiz könnte ich Geld verdienen, ein Babysitter wäre nicht so teuer und ich hätte meine Eltern als Unterstützung in der Nähe. Ich war mir auch sicher, dass mein Mann schnell eine Stelle finden würde. Und wenn wir zu zweit arbeiten konnten, würde uns auch mehr Geld zur Verfügung stehen. Deshalb schien es sinnvoll. Entsprechend habe ich mit meinem Mann den Umzug in die Schweiz als beste Lösung angesehen. Also starteten wir einen Neuanfang in der Schweiz.

Dieser Neuanfang war nicht gerade leicht. Zwar funktionierte es eigentlich recht gut. Ich fand sofort eine gutbezahlte Arbeitsstelle, sogar schon von London aus. Ich fand dann auch bald darauf eine Wohnung für unsere kleine Familie. Mein Mann kam dann ein paar Wochen später nach. Er ging zuerst in den Deutschunterricht, um die Sprache zu lernen, die hier gesprochen wird. Für ihn war dies keine grosse Herausforderung. Er lernte Sprachen schon immer recht schnell. Schliesslich spricht er fliessend Kreol, Portugiesisch, Spanisch, Französisch, Englisch und Italienisch. Er kann auch ein bisschen Russisch und wichtige Worte oder kurze Sätze in einigen anderen Sprachen, an welche ich mich nicht mehr genau erinnere. Jedenfalls kam nun Deutsch auch noch dazu. Nach ein paar Monaten Deutschunterricht fand er auch gleich eine Arbeitsstelle. Also schien eigentlich alles gut zu laufen.

Aber nach nicht ganz einem Jahr in der Schweiz funktionierte unsere Beziehung dann leider nicht mehr. Es war so viel passiert. Ich möchte hier nicht auf alles eingehen. Jedenfalls hatten wir uns dann irgendwann nur noch ständig gestritten, konnten überhaupt nicht mehr über wichtige Dinge miteinander reden, hatten auf einmal ganz andere Ansichten zu sehr vielen Sachen und wir hatten noch etliche andere Sorgen und Probleme in unserer Beziehung. Jedenfalls konnte es irgendwann dann nicht mehr so weiter gehen. Ich habe mich von ihm trennen müssen. Mein Mann blieb dann noch für zwei weitere Jahre in der Schweiz, wohnte hier in einer anderen Stadt in seiner eigenen Wohnung und holte unseren Sohn unregelmässig, meistens leider auch nicht wie abgesprochen, an den Wochenenden zu sich.

Die Zeit nach unserer Trennung war für mich sehr schwierig. Nicht nur, dass ich mir eingestehen musste, dass die Ehe nicht mehr funktioniert hatte oder dass ich nun mein Leben doch nicht wie gedacht mit meinem Mann bis ins hohe Alter verbringen werde. Es war auch nicht nur, weil die ganze getrennte Situation meinen Sohn stark mitbelastet hatte. Nein, das alles war es nicht alleine. Die grösste Sorge in der Zeit, in der wir beide in der Schweiz getrennt voneinander lebten, war für mich, dass ich ständig Angst haben musste, ob mein Mann vielleicht meinen Sohn entführen wolle. Zu Beginn hatte er unseren Sohn ab und zu an Wochenenden zu sich genommen. Doch irgendwann fing mein Mann an zu behaupten, dass es unserem Sohn bei mir nicht gutgehen würde. Deshalb hatte ich dann Angst, dass er unseren Sohn vielleicht nach Afrika entführen könnte. Das klingt nach einem Klischee? Möglich. Aber wenn man diese Drohung mehrmals von seinem Ex hört, macht einem dies nicht mehr deshalb Angst, weil es ein Klischee ist, sondern weil es eben eine Drohung ist. Ich weiss nicht mehr wie oft ich mir anhören musste, dass ich eine sehr schlechte Mutter sei und dass ich alles falsch machen würde. Und aus diesem Grund wollte mein Ex nicht, dass unser Sohn länger bei mir lebe. Unserem Sohn würde es, so drohte mein Ex, viel besser gehen, wenn er entweder bei ihm leben würde oder wenn er von seiner Mutter in Westafrika aufgezogen würde. Und da haben wir es. Kann man sich vorstellen, wie das ist? Kann man sich denken, wie ich mich gefühlt hatte, als der Vater meines Kindes mir gesagt hatte, dass es mein Sohn besser hätte, wenn er in Westafrika aufwachsen würde? Er meinte dies wirklich so. Er hatte mir auch ein paar Mal direkt gedroht, dass er unseren Sohn am liebsten zu seiner Mutter bringen würde, weit weg von mir, damit ich keinen schlechten Einfluss auf unseren Sohn mehr haben könnte. Und mir war natürlich klar, dass ich meinen Sohn niemals wieder gesehen hätte, wenn mein Ex ihn entführt und in seine Heimat gebracht hätte.

Diese Zeit war dermassen heftig, dass ich teilweise fast durchgedreht bin. Ich hatte beispielsweise der Kindergärtnerin gesagt, dass sie meinen Sohn keinesfalls jemand anderem mitgeben dürfe als mir persönlich oder meiner Mutter, die sie kannte. Diese Situation mit dem Kindergarten führte beispielsweise dazu, dass mein Bruder einmal meinen Sohn vom Kindergarten abholen wollte und völlig erschrocken war, dass die Kindergärtnerin ihm meinen Sohn nicht mitgeben wollte. Sie rief mich dann an, um nachzufragen, wer das sei. Ich bestätigte ihr dann, dass dies mein Bruder sei und er meinen Sohn abholen dürfe. Ich hatte es doch bereits angekündigt. Sie hatte es vermutlich vergessen. Aber um so besser. So wusste ich wenigstens, dass sie meinen Sohn niemandem mitgeben würde. Das beruhigte mich enorm. Aber meinen Bruder hat es natürlich sehr aufgewühlt, da er damals nicht wusste, dass ich bereits auch im Kindergarten Bescheid gegeben hatte. Jedenfalls hatte ich in der Zeit, während ich und mein Ex getrennt in der Schweiz wohnten, häufig sehr grosse Angst um meinen Sohn. Diese enorme Belastung kann man sich vermutlich gar nicht richtig vorstellen. Es beeinflusste das freie Leben fast jeden Tag. Ich musste es immer präsent haben, ich musste mich an diese ungewisse Situation anpassen und ich musste ständig auf der Hut sein. Ich musste mir dessen immer bewusst sein. Das kann wirklich sehr anstrengend sein. Entsprechend war ich dann später froh, als sich dann diese Situation erledigt hatte, jedenfalls einigermassen.

Mein Ex-Mann rief mich nämlich eines Tages nicht von seiner Wohnung aus an, sondern aus London und teilte mir am Telefon mit, dass er nun zurückgereist sei und dort wohnen bleibe. Er bat mich, dies unserem Sohn mitzuteilen. Jedenfalls war ich ab diesem Zeitpunkt dann eine völlig alleinerziehende Mutter. Ohne die Wochenenden, an denen das Kind beim Vater wäre. Ohne die Unterstützung, wenn ich einmal alleine was unternehmen wollte. Ohne die finanzielle Unterstützung meines Mannes. Ohne Unterstützung bei Entscheidungen, die getroffen werden mussten. Die Scheidung nach dem Trennungsjahr war dann kurze Zeit nach seiner Abreise durch. Von da an waren es nur noch mein Sohn und ich. Zumindest war ab diesem Zeitpunkt meine Angst nicht mehr so gross, dass er unseren Sohn entführen könnte.

---TRIGGER WARNUNG FÜR KAPITEL 7. Ansonsten bitte zu Kapitel 8 übergehen.---

7. Der Selbstmord meines Bruders

Nach der Scheidung und als mein Ex-Mann ins Ausland zurückging, hatte mein Sohn eine Zeit lang einige Schwierigkeiten, seine Wut und sein Unverständnis unter Kontrolle zu halten. Es gab ab und zu Momente, in denen er regelrechte Wutanfälle hatte. Vermutlich deshalb, weil er einfach überhaupt nicht verstehen konnte, warum sein Vater ins Ausland ging. Mein Sohn konnte nicht nachvollziehen, wieso ein Vater von seinem Sohn wegziehen würde und ihn so lange nicht besuchen kommen würde. Nur telefonischen Kontakt zu halten, war meinem Sohn zu anstrengend. Die kurzen Telefonate machten ihn nur noch wütender, da sie ihn immer wieder daran erinnerten, wie wenig Interesse sein Vater an ihm zeigte.

Während dieser Zeit, nach der Scheidung, war ich nun also alleinerziehende Mutter, die auch noch jeweils 80-100 % gearbeitet hatte. Meine Tage waren sehr ausgefüllt. Ich versuchte immer, mein Bestes für meinen Sohn zu geben.

An Wochenenden ging ich oft mit meinem Sohn zusammen zu meinem Bruder. Wenn mein Bruder in der Klinik war, besuchten wir ihn dort und machten einen Spaziergang mit ihm, wenn er durfte und es ihm gut genug ging. Zusammen schauten wir dann die Natur um die Klinikhäuser an. Mein Bruder, übrigens der intelligenteste Mensch, den ich kenne, konnte meinem Sohn immer jede Blume benennen. Er kannte die Pflanzennamen in Deutsch und Latein. Er konnte ihm auch überhaupt sehr viel beibringen über jedes Thema. Mein Bruder hatte einen sehr hohen IQ. Mein Sohn war jeweils sehr erstaunt über das Wissen meines Bruders. Und er war stets interessiert, so viel wie möglich von ihm zu lernen. Sie hatten auch einen speziellen Draht zueinander. Aber sie hatten nicht nur voneinander gelernt, sondern auch immer tolle Zeiten zusammen verbracht. Wir hatten auch alle zusammen mit dem Ball gespielt oder Seifenblasen gemacht. Wir hatten immer eine lustige oder spannende Zeit zusammen, wenn mein Bruder auf das Klinikareal durfte. Wenn er nicht nach draussen durfte, ging es ihm so schlecht, dass ich ihn mit meinem Sohn nicht besuchen konnte. Aber wenn es meinem Bruder eben besser ging, hatten wir viel Spass zusammen.

In der Zeit, in der mein Bruder nicht in der Klinik sein musste und in seiner Wohnung leben konnte, besuchten wir ihn auch da und unternahmen dann schöne Sachen zusammen. Wir gingen in Tierparks, in Museen, spielten am Fluss oder machten andere Ausflüge. Wir gingen auch zusammen auf Reisen. Mein Bruder war ein wunderbarer Mensch. Er war absolut liebenswert, sehr nett und freundlich, sehr ehrlich, sehr verständnisvoll, sehr anständig, sehr herzlich, sehr hilfsbereit, sehr intelligent und er hatte noch viele andere positive Charakterzüge. Er war einfach ein ganz toller Mensch. Wir standen uns sehr nahe. Mein Bruder und ich hatten ein sehr enges Verhältnis zueinander und wir erzählten einander sehr viele Dinge, die wir sonst niemandem erzählten. Wir hatten etliche Geheimnisse untereinander. Ich fühlte mich ihm immer sehr nah. Und mein Sohn fühlte sich ihm auch sehr nah. Mein Sohn schaute zu meinem Bruder auf. Die beiden Liebsten waren auch sehr eng verbunden miteinander. Sie haben sich sehr geliebt. Sie mochten sich ausserordentlich gut leiden. Und es war herrlich, die zwei Jungs zusammen lachen zu sehen. Mein Sohn hatte in meinem Bruder eine Art Vaterersatz gefunden.

Warum ich von meinem Bruder in der Vergangenheit schreibe?

Mein Bruder nahm sich das Leben.

Ganze 12 Jahre lang litt mein Bruder an dieser bipolaren Persönlichkeitsstörung, dann konnte er wohl nicht mehr weiter kämpfen. Über die Jahre hinweg haben wir schon beobachtet, dass er sehr unter der Krankheit gelitten hatte. Uns war allen bewusst, dass es immer wieder ganz schreckliche Phasen gab. Wir sahen mit an, wie er an seiner Krankheit litt. Wir sahen, wie er unter seinen Wahnvorstellungen leiden musste. Wir konnten etliche seiner Psychosen miterleben. Er erzählte uns, was er dachte und fühlte, wie verwirrt er immer wieder war und wie schrecklich es für ihn war, mit dieser Krankheit umzugehen. Aber zwischendurch gab es auch viele glückliche Momente, in denen er lachte und Spass hatte. Aber es gab eben auch immer sehr viele, ganz harte Momente für ihn. Er sagte öfters zu mir, dass er sich Sorgen mache, was er in einem seiner sehr kranken Momente tun würde. Er hatte Angst, seine Grenzen nicht mehr zu erkennen. Für mich waren viele unserer Gespräche der Horror. Oft konnte ich es fast nicht ertragen, wie schlimm es für ihn sein musste. Und ich war sehr wütend darüber, dass er an dieser Krankheit leiden musste. Ich hätte es ihm so gerne leichter gemacht. Ich hätte ihm so gerne geholfen. Ich wäre so froh gewesen, wenn die Krankheit für ihn erträglicher gewesen wäre. Aber das war es wohl nicht.

Jedenfalls haben wir die Vermutung, dass er keine Kraft mehr hatte, um mit dieser Krankheit weiter umzugehen. Mein Bruder hatte keinen Abschiedsbrief hinterlassen. Meine Mutter hatte an einem Mittwochabend mit ihm eine Verabredung, welche er nicht eingehalten hatte. Eigentlich hätte er da in der Klinik sein müssen, ist da aber anscheinend entflohen. Es war dann so, dass meine Eltern teilweise nicht darüber informiert wurden, wenn er abgängig war, da er erwachsen war. Da kam die Schweigepflicht zum Zuge. Natürlich haben meine Eltern mit meinem Bruder vereinbart, dass diese Schweigepflicht ihnen gegenüber aufgehoben wurde. Aber das klappte leider nicht immer so, wie es sollte. Jedenfalls hatte meine Mutter, als sie dann informiert wurde, dass er nicht in der Klinik sei, überall rumtelefoniert, ob mein Bruder bei jemandem Unterschlupf gefunden hätte. Aber sie fand keine Spur. Am Donnerstag gab mir dann meine Mutter Bescheid, dass sie sich grosse Sorgen mache, da mein Bruder nicht zu ihrer Verabredung erschienen sei und auch nicht telefonisch erreichbar sei. Ich versuchte dann, meine Mutter zu beruhigen und sagte ihr, dass mein Bruder schon des Öfteren von der Klinik verschwunden sei und dann später wieder gefunden wurde. Er hatte sich auch schon bei Freunden in den Keller geschlichen, wenn er in einem entsprechenden psychischen Zustand war. Aber da hatte meine Mutter auch bereits angerufen. Einige Kollegen hielten an Bahnhöfen Ausschau nach ihm. Einige Bekannte durchsuchten ihr näheres Umfeld. Doch mein Bruder war noch nicht aufgefunden worden. Ich versuchte, wie gesagt, meine Mutter zu beruhigen. Aber insgeheim hatte ich ehrlich gesagt auch grosse Angst um meinen Bruder. Denn ich war mir sicher, dass er weder meine Mutter solch eine weite Strecke fahren lassen würde und dann nicht dort sein, noch würde er dann nach dem verpassten Termin nicht anrufen und nicht einmal telefonisch erreichbar sein. Ich hatte Angst, dass ihm was hätte passiert sein können. Ich musste am Donnerstag noch einige Arbeiten im Geschäft erledigen und hoffte, dass mein Bruder sich im Verlaufe des Donnerstags bei uns melden würde. Meine Mutter telefonierte derzeitig den ganzen Donnerstag etliche Leute ab. Ich versicherte meiner Mutter, dass ich, sollte er bis am Abend nicht auftauchen, im Geschäft beantragen werde, dass ich am Freitagnachmittag früher Feierabend machen könne, damit ich dann helfen könne, meinen Bruder zu suchen. So war der Plan.

Ich ging also am Freitagmorgen zur Arbeit, dann zu mir nach Hause, ich kochte und ass mit meinem Sohn zusammen das Mittagessen, schickte meinen damals neunjährigen Sohn wieder in die Schule für die Nachmittagsstunden und ging zurück zur Arbeit. Dort angekommen, gleich beim Eingang zum Geschäft, klingelte mein Telefon. Als ich die Nummer meiner Eltern sah, hoffte ich, sie würde mir mitteilen, dass mein Bruder sich gemeldet hatte. Aber insgeheim hatte ich riesige Angst, was sie mir am Telefon mitteilen würde. Ich nahm das Telefonat entgegen und hörte meine Mutter mit weinender und zitternder Stimme 'Franziska' sagen. Ich fragte nur, ob es mein Bruder oder mein Vater sei. Diese Frage kam daher, da mein Vater schon öfters ziemlich schlimme Berufsunfälle hatte. Aber eigentlich wusste ich, was sie antworten würde. Sie nannte den Namen meines Bruders. Ich sagte, ich käme sofort. Dann drehte ich mich zu den Arbeitskollegen um, die in der Tür standen, und meldete mich bei ihnen ab. Sie sollen dem Chef sagen, ich hätte gehen müssen. Es sei ein Notfall. Dann rannte ich los zum Auto. Die Arbeitskollegen sahen mir an, dass etwas nicht in Ordnung war und riefen mir noch Fragen hinterher. Diese verstand ich aber nicht. Eigentlich interessierte es mich auch überhaupt nicht, was die fragten. Ich stieg ins Auto und fuhr die Strecke vom Arbeitsplatz zum Haus meiner Eltern, nicht so ganz bei Sinnen. Ich hatte die Augen voller Tränen. Diese paar Minuten Weg kamen mir wie eine Ewigkeit vor.

Zuhause angekommen nahm ich meine Eltern in die Arme. Für eine ganze Weile taten wir nichts anders, als dazustehen. Dann, einige Zeit später, fragte ich, was denn passiert sei. Meine Eltern versuchten, so gut sie reden konnten, mir zu erklären, dass vormittags die Polizei bei ihnen gewesen sei. Die Polizisten hätten die Nachricht überbracht. Daraufhin fragte ich, ob die denn sicher seien, dass es mein Bruder sei, den sie gefunden haben. Meine Mutter erklärte mir dann, dass der Tag zuvor, also bereits am Donnerstag, ein Mann auf der Autobahn an einer Abzweigung vorbeigefahren sei, in welcher Mitte eine Wiese und hohe Strommasten waren. Dieser Autofahrer hätte dann dort einen Menschen gesehen, der auf einem der Arme des Strommastes ganz nach aussen geklettert sei und dann habe er den Körper fallen sehen. Natürlich habe dieser Mann sofort den Notruf gewählt und die Polizei informiert.

Es war so verflixt schwierig für mich, mir das anzuhören. Und auch genauso schwierig für meine Eltern, mir dies mitteilen zu müssen. Als ich hörte, was die Polizei mitgeteilt hatte, sagte ich zu meinen Eltern, dass es in dem Fall doch sein könnte, dass man diese Person vielleicht nicht so gut identifizieren konnte, wenn die Person von so hoch hinuntergestürzt sei. Ich hoffte ja immer noch, dass es nicht wahr sei. Ich hoffte immer noch, dass sich die Polizei geirrt hatte. Ich hoffte, es sei alles ein Missverständnis. Doch meine Mutter erklärte, dass dies ja bereits vor einem Tag gewesen sei. Die Polizei hätte dann aber nicht meinen Eltern Bescheid gegeben, sondern wollten eben erst sicher sein, dass es sich wirklich um meinen Bruder handle, bevor sie den Eltern eine solche Nachricht überbringen würden. Entsprechend hatte die Polizei bei einem Kollegen meines Bruders nachgefragt, ob er die Person identifizieren könnte. Und das dauerte, da dieser Kollege erst sehr spät Abends erreichbar war. Jedenfalls meinten dann meine Eltern, es müsse mein Bruder sein, weil der Kollege ihn ja identifiziert hatte. Aber ich wollte es trotzdem nicht glauben. Dann fragte ich, weshalb sie mir nicht sofort Bescheid gegeben hatten, als die Polizei am Morgen gekommen war. Ich hätte doch als Unterstützung dabei sein können. Oder ich hätte es wenigstens von den Polizisten gehört und hätte somit meinen Eltern ersparen können, dass sie mir dies nun mitteilen mussten. Aber meine Eltern meinten nur zu mir, dass sie die Mittagszeit abwarten wollten, damit mein

Sohn bereits wieder in der Schule sei, wenn sie mir Bescheid geben. Ja, das war vermutlich schon sinnvoll. Aber ich war ja immer noch völlig verwirrt und wollte es nicht glauben. Wie sollte ich auch? Mein geliebter Bruder soll tot sein? Wie konnte das sein? Das durfte einfach nicht sein. Also war es nicht so. Ich sagte mir das immer wieder. Aber es änderte nichts. Und nach fast zwei Stunden bei meinen Eltern musste ich mir Gedanken machen, wie ich dies meinem Sohn mitteilen sollte. Das war eine Aufgabe, die man sich auch nicht vorstellen kann. Mein Sohn, neun Jahre alt, der seinen Onkel liebte und als Vaterfigur sah. Mein Sohn, der so viel mit meinem Bruder erlebt hatte. Wie sollte ich ihm diese Nachricht überbringen? Wie könnte ich das durchstehen? Was sollte ich denn sagen?

Aber ich muss. Irgendwie. Mein Sohn würde nämlich in kürzester Zeit zuhause sein von der Schule. Dann muss ich dort sein. Und dann muss ich ihm das mitteilen. Ich wollte, ich müsste nicht. Ich wollte, ich würde von diesem Albtraum aufwachen. Ich wollte, meinem Bruder wäre nichts Schlimmes widerfahren. Ich wollte, mein Bruder würde noch leben. Ich wollte, mein Bruder würde einfach wieder da sein. Ich wollte, mein Bruder hätte niemals diese Krankheit haben müssen. Ich wollte, mein Bruder wäre einfach gesund gewesen. Ich wollte, ich hätte mehr tun können. Und ich wollte, ich müsste meinem kleinen Sohn jetzt nicht erklären, dass mein Bruder von uns gegangen war.

Ich ging also zu mir nach Hause und wartete, bis mein Sohn von der Schule kam. Ich begrüsste ihn und fragte ihn, wie ich es sonst auch tat, wie es in der Schule war. Und da schaut mein Sohn mich an und sagt, es sei wie immer gewesen, aber was denn mit mir los sei. Er fragte dies sofort. Er wusste, dass etwas nicht in Ordnung war. Und er fragte, was denn passiert sei. Ich musste ihm antworten. Ich erzählte ihm also, was passiert war. Wir nahmen uns in die Arme und weinten zusammen. Einige Zeit sprachen wir nicht und hielten uns einfach nur fest und weinten. Dann, als sich mein Sohn einigermassen gesammelt hatte, meinte er zu mir, es sei zwar traurig, dass sein Onkel tot sei, aber er könne jetzt seiner Urgrossmutter das Skateboarden beibringen, dort wo die beiden jetzt auch sein mögen. Mein Bruder liebte sein Skateboard und dieses Rollbrettfahren war eines seiner liebsten Hobbys. Und die Urgrossmutter meines Sohnes, also meine Grossmutter, war nur einen Monat vorher gestorben. Und so ergab sich bei meinem Sohn der Zusammenhang, dass die beiden, welche kurze Zeit voneinander gestorben waren, wohl aufeinander aufpassen würden. Das beruhigte mich unheimlich. Mein Sohn war irgendwie wahnsinnig traurig und doch gefasst. Er nahm dann, nachdem er dies gesagt hatte, ein Blatt Papier und fing an zu zeichnen. Er malte ein rotes Herz mit Tropfen, welche vom Herz nach unten tropften. Es sah aus, als würde das rote Herz Blut weinen. Es war so emotional, so klar und auch so kreativ. Ich war mir sicher, dass dieses Bild meinem Sohn helfen würde, dies zu verarbeiten. Allerdings ging das so schnell, dass ich kaum nachkam. Er schrieb dann neben das Herz: "Wenn du dort glücklich bist, wo du bist, sind wir auch glücklich.". Und dazu schrieb er: "Viele Leute sind so traurig, dass du gestorben bist.". Einfach wunderschön. Und diese Worte schrieb er keine halbe Stunde nachdem er davon erfahren hatte, direkt nach dem Weinen und der Umarmung. Er vermutete direkt, dass es meinem Bruder jetzt besser gehe, da er so lange so sehr gelitten hatte. Mein Sohn gab mir damit sehr viel Kraft.

Bei meiner Grossmutter, als sie gestorben war, meinte mein Sohn auch kurz nachdem ich es ihm mitgeteilt hatte, dass es sehr schade sei, dass sie gestorben sei. Er hätte noch so viel von ihr lernen können. Ja, das ist mein Sohn. Ich liebe ihn von ganzem Herzen.

Wir vermissen meinen Bruder auch heute noch. Wir sind auch heute noch traurig, dass wir nicht mehr Zeit mit ihm verbringen durften. Aber wir hoffen gleichzeitig auch, dass es für ihn die richtige Entscheidung war. Und das akzeptieren wir.

Ja, ich vermisse meinen Bruder auch heute noch täglich. Aber ich habe viele sehr gute Erinnerungen an ihn und dafür bin ich sehr dankbar. Ich erinnere mich auch heute noch an unsere Geheimnisse, an unsere Gespräche, an die Gefühle, die wir uns gegenseitig erklärt hatten und ich vermisse ihn einfach als Person. Ich vermisse sein Lachen, seine Wärme, seine Stimme, sein Gitarrenspiel und einfach sein Wesen. Es ist nun über 12 Jahre her, dass er Selbstmord begangen hatte. Und es schmerzt immer noch wie damals. Es wird wohl nie aufhören, weh zu tun.

Seit dem Tag, an dem wir davon hörten, dass er sich das Leben genommen hatte, ist alles ganz anders. Alles ist trauriger. Alles ist schwieriger. Es ist nicht mehr dasselbe, da er einfach fehlt. Und für uns alle ist es traurig und schwierig. Ich habe sehr unter seinem Verlust gelitten und leide noch immer darunter, da er mir sehr nahestand. Wir hatten so viele sehr ähnliche Ansichten, erzählten uns alles Mögliche und diskutierten zusammen über das Leben, über Probleme, über Schicksalsschläge, über Beziehungen und über seine Krankheit. Wir philosophierten oft zusammen und teilten sehr viele Gedanken miteinander. Und da mein Bruder auch meinem Sohn sehr nahe stand, war es für mich zusätzlich auch noch traurig für meinen Sohn. Ich musste mitansehen, wie er darunter litt. Und natürlich meine restliche Familie. Ich hatte sehr lange eine tiefe Trauerphase. Ich musste mich schliesslich trotz allem immer noch um meinen Sohn kümmern und auch ihn in seiner Trauer unterstützen. Und mein Sohn war damals erst neun Jahre alt.

Ich hatte anfangs grosse Mühe damit, es zu verarbeiten. Ich hatte grosse Schuldgefühle. Ich hatte das Gefühl, ich hätte mehr für meinen Bruder da sein müssen. Ich hätte ihn mehr unterstützen müssen. Ich hätte ihn noch besser verstehen müssen. Ich konnte nicht gut damit umgehen, dass ich es nicht kommen sah oder am Schluss nicht für ihn da war.

Etwa ein Jahr vor dem Tod meines Bruders entschied ich, eine Eigentumswohnung zu kaufen. Diese konnte ich nach meinen Ansprüchen und nach meinen Wünschen ausstatten, also stand viel Arbeit damit an. Ich war häufig unterwegs an Wochenenden, um Plattenböden, Küche oder Waschbecken auszusuchen. Ich musste viel organisieren, planen und entscheiden. Neben meiner Arbeit und der Kindererziehung war das damals sehr zeitintensiv. Als ich und mein Sohn dann endlich in die Wohnung ziehen konnten, war natürlich immer noch viel zu tun. Und so plante ich, im Sommer, also etwa ein halbes Jahr nach dem Umzug, einen Urlaub zu machen. Das Spezielle daran war, dass ich damals eigentlich geplant hatte, meinen Bruder zu bitten, mit uns zu kommen. Das hatte ich eigentlich im Sinn. Einen Sommerurlaub mit meinem Sohn und meinem Bruder zu verbringen. Somit hätte mein Bruder auch einfach mal alles ein bisschen hinter sich lassen können. Aber dazu kam es dann nicht mehr. Und ich machte mir grosse Vorwürfe, dass ich meinem Bruder noch nicht einmal von dem Plan erzählt hatte. Ich wollte nicht, dass er sich zu früh freut, falls er dann zu der geplanten Urlaubszeit vielleicht gesundheitlich nicht imstande gewesen wäre, zu reisen. Deshalb wollte ich damit warten, bis die Zeit näher kommt, damit ich dann kurz vorher abschätzen kann, ob es ihm psychisch gut genug gehe und ob er stabil genug sei, um mit uns zu reisen. Aber wie gesagt, es kam gar nicht dazu. Leider. Hätte es vielleicht was geändert, wenn ich ihm vorher von meinem Plan erzählt hätte? Hätte er dann Kraft gehabt, weiterzukämpfen? Oder hätte es nichts verändert? Oder hätte es einfach den Zeitpunkt verschoben? Man weiss es nicht. Diese Gedanken zu haben ist eigentlich falsch, da man sowieso nie weiss, was gewesen wäre, wenn alles anders gewesen wäre. Jedenfalls hatte ich halt doch einige Male diese Gedanken, dass ich was besser hätte machen können.

Auch hatte ich zum Beispiel ein schlechtes Gewissen, weil ich ihm gegenüber einen Wunsch abschlagen musste. Er hatte mich kurze Zeit vor seinem Tod gefragt, ob ich bitte die Beistandschaft für ihn übernehmen könne. Er sagte zu mir, dass er es meiner Mutter nicht weiter zumuten wolle, dass sie ständig all seine Bankangelegenheiten, seine Kämpfe mit den Ämtern und Psychiatrien und vieles mehr für ihn machen müsse. Darum hatte er mich gebeten, ob ich dies offiziell für ihn übernehmen könnte, um unsere Mutter zu entlasten. Aber diese Bitte hatte mich völlig überfordert. Ich hatte ihm erklärt, dass ich ihm sehr gerne helfen würde, ihn sehr gerne unterstützen würde und es unserer Mutter sehr gerne abnehmen würde, aber dass es da eben für mich einen Grund gäbe, weshalb ich es leider nicht tun könne. Ich erklärte ihm, dass ich, wenn ich diese Beistandschaft für ihn übernehmen würde, immer für ihn da sein müsse und jeweils sofort reagieren müsse oder zum Beispiel sofort auf Ämter gehen müsse. Auch müsste ich sofort in die Klinik fahren, wenn es da etwas zu regeln gäbe, das er nicht mehr selbst regeln könne. Und da käme ich in die Situation, ob ich nun zu ihm oder zu meinem Sohn schauen soll. Ich hätte dann nicht die Möglichkeit, so für ihn da zu sein, wie ich es für nötig halten würde, weil es immer sein könnte, dass mein Sohn mich brauche. Also könnte ich meine Verantwortung nicht in dem Ausmass übernehmen, wie ich es mir dann wünschen würde. Ich habe ihm erklärt, dass ich in einer Notsituation nicht zwischen ihm und meinem Sohn entscheiden wolle. Aber die Verantwortung für ihn zu übernehmen, würde ich nur dann können, wenn ich es auch zu 100 % tun könnte. Aber da ich alleinerziehende Mutter sei, ginge das leider einfach nicht. Mein Bruder hatte dies schon verstanden, keine Frage. Er sagte mir auch, dass dies schon okay sei. Er verstehe mich in diesem Punkt vollkommen. Er machte mir keinerlei Vorwürfe und fand meine Entscheidung mit dieser Erklärung völlig korrekt. Aber ich selbst machte mir Vorwürfe, schon als ich ihm nein sagen musste. Aber noch stärkere Vorwürfe machte ich mir später. Ich verzweifelte immer wieder an dem Gedanken, dass er die ganzen Aufgaben nicht länger meiner Mutter zumuten wollte. Und der Gedanke, dass er mich deshalb um Hilfe gebeten hatte, ich ihm aber diese Hilfe verwehrt hatte, machte mich fast verrückt. Diese Gedanken beschäftigten mich sehr lange. Etliche Male kam ich wieder in diese Gedanken, dass ich hätte verhindern können, was passiert war, wenn ich die Beistandschaft doch nur angenommen hätte.

Irgendwann habe ich mich dann nur noch in die Arbeit gestürzt, vermutlich, um der Trauer zu entfliehen. Ich versuchte, mich mit Arbeit abzulenken und in meiner Freizeit möglichst beschäftigt zu sein. So musste ich nicht mehr ständig daran denken und darüber nachgrübeln, was ich hätte tun müssen oder hätte tun können. Ich musste mich ablenken von Schuldgefühlen, von der Trauer und vom Schmerz. Und all das führte zwei Jahre später zu meiner Erschöpfungsdepression. Ich steuerte immer tiefer in das Burnout. Ich hatte mich so viel abgelenkt, dass ich irgendwann nicht mehr konnte und mein Körper so erschöpft war, dass meine Psyche auch nicht mehr weiter wusste. Ich war völlig leer innerlich. Ich konnte nicht mehr klar denken. Ich war ständig nur noch müde und schaffte es nicht mehr, mich zu erholen. Ich konnte nicht mehr abschalten. Nächtelang war ich wach gelegen. Ich konnte mich zu fast nichts mehr aufraffen. Mir fehlte jeglicher Antrieb. Ich hatte keine Lust mehr und ich hatte keine Kraft mehr. Ich war einfach nur völlig überfordert mit allem. Es war mir einfach alles viel zu viel. Ich mochte nichts mehr hören. Ich mochte nichts mehr denken. Ich grübelte den ganzen Tag und meistens auch die ganze Nacht darüber nach, was ich hätte tun sollen, was ich hätte anders machen können, was ich momentan im Geschäft anders machen könnte, wie ich zur Ruhe kommen könnte, wie ich die ganze Belastung loswerden könnte, wie ich denn noch eine gute Mutter sein könnte, wenn ich doch keinerlei Kraft mehr hatte und vieles mehr. Ich konnte meine Gedanken nicht mehr abschalten. Es schien alles so völlig sinnlos. Es schien alles aussichtslos. Ich konnte nicht mehr. Ich war an einem Punkt angelangt, an dem meine psychische Verfassung dermassen schlecht war, dass mein Körper mit allem Möglichen reagierte, um meinem Kopf mitzuteilen, dass es so nicht mehr weitergehen konnte. Mein Körper reagierte ja dann irgendwann mit dem hohen Fieber, welches ich über Monate hinweg hatte. Das psychosomatische Fieber, wie sich ja später herausgestellt hatte. Da begann meine Depression, welche mich bis heute noch immer begleitet.

8. Wie ich meine Depression anfangs eingeschätzt hatte

Mittlerweile, wenn ich zurückdenke, ist mir bewusst, dass sich meine Einstellung zu meiner Depression sehr geändert hat über die Jahre. Teilweise erinnere ich mich an Ansichten, die ich damals hatte und frage mich, wie ich das damals bloss denken konnte. Vieles sehe ich heute einfach mit ganz anderen Augen. Und doch kann es sein, dass ich es in ein paar Monaten vielleicht nochmals ganz anders sehen werde als heute.

Anfangs war mir jedenfalls überhaupt nicht bewusst, dass ich an einer Depression litt. Ich hatte ja monatelanges, hohes Fieber. Erst nach etlichen Abklärungen und verschiedenen Blutuntersuchungen kam die ernüchternde Mitteilung des Arztes, dass es wohl nichts Körperliches sei und entsprechend eben eine psychische Erkrankung sein müsse, welche psychosomatische Beschwerden ausgelöst hatte, also körperliche Beschwerden, welche durch die Psyche verursacht wurden. Nach der Verschreibung der Antidepressiva kam mein Fieber dann bald einmal runter und ich fühlte mich besser. Ich war während des Fiebers völlig erschöpft, dachte aber damals natürlich, es sei vom Fieber. Und ich hatte keinen Antrieb mehr und fühlte mich unglücklich, aber das konnte ich damals auch nirgends zuweisen. Gegen das Fieber halfen dann eben die fiebersenkenden Medikamente überhaupt nichts. Das fand ich auch sehr ärgerlich und versetzte mich schon etwas in Unruhe darüber, woran ich denn leiden würde. Als dann die Diagnose Depression gestellt wurde, begann ich an die Zeit zurückzudenken, bevor und während ich das hohe Fieber gehabt hatte. Da bemerkte ich erst, dass die Niedergeschlagenheit nicht vom Fieber kam, sondern von der Depression. Stück für Stück hatte ich mich damals zurück ins beinahe normale Leben gekämpft. Ich habe stets versucht, den Mut nicht zu verlieren. Ich habe gehofft, dass die Medikamente mir helfen würden. Ich habe gehofft, dass es einfach wieder vorbeigehen würde. Ich dachte, das sei ja vermutlich nur eine kurze Phase, da die Ärzte dann ja eine Erschöpfungsdepression diagnostizierten. Und man hört ja oft, dass Personen, welche an einer Erschöpfungsdepression leiden, also ein Burnout erleiden, nach einigen Monaten wieder gesund seien. Entsprechend war ich überzeugt, dass ich wieder gesund werden würde, wenn ich mich nur richtig ausruhen würde, genügend Schlaf finden würde und mich erholen würde. Und ich war auch zuversichtlich, dass die Medikamente, also die Antidepressiva, helfen würden und meine Depression schnell lindern würden. Nach einiger Zeit kam dann tatsächlich eine mildere Phase der Depression, in welcher ich wieder fast so funktionierte, wie ich es vorher konnte. Ich konnte mich wieder über gewisse Sachen freuen, ich hatte wieder Zuversicht und ich konnte sogar wieder arbeiten.

Doch dann kam wieder eine Phase, in der gar nichts mehr ging. Ich wollte und konnte nicht mehr aus dem Bett aufstehen. Ich war wie gelähmt. Ich fühlte mich, als würde ein enormes Gewicht auf mir liegen. Ich dachte, das Bett würde mich zu sich hinunterziehen. Ich konnte einfach nicht aufstehen. In dieser Phase hatte ich richtig Angst bekommen. In dieser Phase wurde mir bewusst, dass es eben nicht nur eine ganz kurze Zeit war, in der ich an einer Erschöpfungsdepression litt. Mir wurde klar, dass es jederzeit wieder kommen kann. Und dies, obwohl ich Antidepressiva nahm. Da war die Zeit auch gekommen, in der ich mir selbst zugestehen musste, weshalb ich vermutlich in die erste Phase gerutscht war. Ich hatte mir selbst ja eingeredet, dass es nichts mit der Arbeit zu tun hätte. Davon war ich überzeugt. Davon überzeugte ich auch meine Ärzte. Ich konnte mir selbst nicht eingestehen, dass es die zu hohe Belastung hätte sein können. Das wollte und konnte ich mir nicht eingestehen. Ich hatte damals vermutlich auch grosse Angst, dass ich, wenn ich dies zugeben würde, mir selbst zu viele Vorwürfe machen würde und hatte auch grosse Angst, dass ich meine Arbeit verlieren könnte, wenn dies jemand mitbekommt. Ich habe nie einen Arzt angelogen. Ich habe jedem Psychiater, Psychologen und Therapeuten immer die Wahrheit gesagt. Aber das war damals meine Überzeugung. Ich war ehrlich. Aber nicht ehrlich genug mir selbst gegenüber. Das bemerkte ich, wie gesagt, erst viel später. Ich habe so viel mit Psychiatern und Therapeuten gesprochen, dass sich meine Einstellung der Krankheit gegenüber auch stets veränderte. Teilweise musste ich mir, um zu überleben, viele gute Dinge einreden. Ich musste mir Hoffnung einreden. Ich musste sicherstellen, dass ich nicht aufgeben würde. Ich musste mich zwingen und quälen. Diese Phase war eine der schwierigsten. Mein Kopf, mein Körper und überhaupt mein ganzes Wesen hatten sich dermassen gegen das geweigert, was ich mir einzureden versucht hatte. Und doch musste ich es tun. Ansonsten hätte mir einfach die Kraft gefehlt, um durchzuhalten. Ich musste mir immer wieder sagen, dass es nicht so schlimm sei, obwohl es so schlimm war. Ich musste mir immer wieder sagen, dass die Medikamente nützen, obwohl diese überhaupt nicht genutzt hatten. Ich habe mit mir gekämpft. Und gegen mich.

In einigen Phasen der Depression der letzten Jahre hatte ich das Problem, dass die Angst dazu kam, dass ich eine bipolare Störung entwickeln könnte. Diese Angst war immer präsent, wenn es mir eine Zeit lang wieder etwas besser ging und ich auch wieder arbeiten konnte. Dann war immer die Angst da, ob es mir schon zu gut gehe oder normal gut. Ich musste mich ständig beobachten. Ich konnte nicht mehr anders. Ich konnte nicht mehr frei leben, auch in den guten Zeiten, da die Angst immer da war. Auch hatte ich immer Angst, dass die gute Phase ja jederzeit wieder enden könnte und ich wieder in eine ganz schwere Phase der Depression rutschen könnte. Für mich war jede Phase der Krankheit bis jetzt einfach wirklich anstrengend. Und ich bin nie wirklich gesund gewesen, die ganzen 10 Jahre nicht.

Zwischendurch kamen auch immer wieder die Gedanken, weshalb ich überhaupt Medikamente nehme, wenn diese doch eh nichts nützen und mich nicht aus der Depression holen. Und diese Gedanken beinhalten natürlich auch, wieso ich die Medikamente nehmen soll, wenn die Nebenwirkungen doch so stark sind. Nein, nicht bei jedem Medikament. Aber es gibt einige Medikamente, die wirklich sehr unangenehme Nebenwirkungen haben.

Einige verursachen Zittern, andere Schlaflosigkeit, andere solch trockene Haut, dass die Haut völlig gerötet wird, Flecken aufweist oder extrem juckt. Dann habe ich von einigen Medikamenten sehr grosse Probleme mit der Verdauung bekommen, bei anderen habe ich einen solch trockenen Mund bekommen, dass dies zu diversen Problemen führte und nochmals andere Medikamente machten mich völlig verwirrt. Einmal nahm ich am Abend ein Medikament zum ersten Mal ein. Am nächsten Morgen ging ich anscheinend vom

Schlafzimmer in die Küche und dann ins Wohnzimmer. Mein Sohn hatte mich beobachtet und fragte mich, was ich denn in der Küche gesucht hätte. Ich konnte mich überhaupt nicht daran erinnern, überhaupt in der Küche gewesen zu sein. Ich hatte keine Ahnung, welcher Tag es war. Ich war wirklich einfach vollkommen verwirrt. Ich fühlte mich, als wäre ich besoffen gewesen. Aber das war nur von der einen Tablette, von lächerlichen 50 mg. Das war krass. Ich hatte auch schon ein Medikament, bei welchem mir in der Nacht ständig die ganzen Muskeln krampften. Die Zähne sind von den Medikamenten und auch von der Mundtrockenheit sowieso immer in Gefahr. Das Zähneknirschen, was oftmals eine schwerere Phase ankündigt, macht meine Zähne auch kaputt. Oftmals brechen mir Zahnstücke im Schlaf ab, weil sich mein Kiefer dermassen verkrampft. Teilweise kann ich morgens den Mund fast nicht öffnen, da die Schmerzen wegen der Krämpfe so stark sind. Dann hatte ich Antidepressiva, bei denen ich unter extremem Haarausfall litt. Von einigen Medikamenten wurde mir ständig übel oder musste mehrmals täglich erbrechen. Bei gewissen Medikamenten hatte ich stets Heisshunger, bei anderen litt ich an Appetitlosigkeit. Von so ziemlich allen Medikamenten habe ich zugenommen. Jedenfalls in den letzten vier bis fünf Jahren. Nein, nicht etwas zugenommen. Nein, nicht zwei oder drei Kilos zugenommen. Ich habe in den letzten ungefähr fünf Jahren aufgrund der Medikamente und aufgrund der Depression insgesamt über 30 Kilos zugenommen. Das ist eine der Nebenwirkungen, die wirklich schwierig zu akzeptieren ist. Es macht alles noch viel anstrengender. Aber es ist leider so. Irgendwelche Nebenwirkungen hat so ziemlich jedes Antidepressivum. Und da stellt sich die Frage, weshalb ich denn diese Medikamente einnehme, wenn sie etliche Nebenwirkungen haben, aber keine positive Wirkung gegen die Depression. Ja, das ist eine sehr gute Frage. Doch leider kann ich diese nicht mit einer logischen Erkenntnis beantworten. Manche sagen, ohne die Medikamente wäre es vielleicht noch schlimmer mit der Depression. Andere sagen vielleicht, die Nebenwirkungen seien nicht vom Medikament, sondern von der Depression. Aber was auch immer sein mag, eines ist klar: Wenn der Psychiater Medikamente verschreibt, muss man diese nehmen, weil ansonsten die Versicherung keinerlei Zahlungen mehr leisten würde. Und nun kommt natürlich die Frage, weshalb ich die Medikamente nehme, wenn ich ja gar kein Geld von der Versicherung erhalte. Und meine Antwort darauf ist, dass es sein könnte, dass ich irgendwann vielleicht doch noch Geld bekomme von der Versicherung. Und für diesen Fall muss ich auch jetzt schon das machen, was die von mir verlangen. Das ist mit den Medikamenten gleich wie mit der Therapie. Ich muss zur Therapie. Ob es hilft oder nicht, spielt keine Rolle.

Irgendein Psychiater denkt, dass es helfen könnte, also muss man die Medikamente einnehmen und zur Therapie gehen. Ein Arzt der Versicherung denkt, es könnte helfen, also muss man. Ich kenne viele Leute, die an Depressionen, an Psychosen oder an anderen psychischen Krankheiten leiden, welche auch schon seit Jahren das passende Medikament suchen. Wenige kenne ich, die das richtige Medikament gefunden haben. Und das finde ich persönlich wirklich traurig. Es gibt so viele Menschen, die an psychischen Erkrankungen leiden. Da sollte man doch meinen, dass die Medikamentenforschung viele Schritte weiter sein sollte. Es müsste doch mittlerweile Medikamente geben, welche der Psyche helfen, aber keine Nebenwirkungen aufweisen. Das wäre jedenfalls ein Wunsch vieler Patienten.

Aber welche Medikamente ich auch einnehme, es verändert nicht viel. Von den einen kann ich noch weniger schlafen, von den anderen bemerke ich gar keinen Unterschied. Und ich habe wirklich schon etliche Medikamente ausprobiert. Aber ich bin mit keinem zufrieden. Keines hilft mir in der schweren Phase, mich besser zu fühlen. Und meine jetzige schwere Phase begann vor über drei Jahren und hatte bis heute keine Ruhe gegeben. Es gab keine leichtere Phase oder Erholung in diesen drei Jahren. Man muss sich das vorstellen: Man ist drei Jahre lang ununterbrochen schwer depressiv. Ja, es ist der Horror. Und man kommt an Punkte, an die man nicht kommen sollte. Es ist sehr schwierig, da die Hoffnung zu behalten. Es ist schwierig, da noch den Durchblick zu haben, was man noch tun könnte, damit es bessert. Man ist irgendwie mit der Kraft am Ende. Man fühlt sich, als hätte man doch schon alles probiert. Und nichts habe genutzt. Es ist tragisch. Es ist anstrengend. Es ist mühsam. Und es scheint je länger je mehr aussichtslos, hoffnungslos und der Kampf vergebens. Und doch kämpfe ich weiter. Ich versuche es zumindest.

Die ganze Vergangenheit mit der Depression ist einfach sehr schwierig zu durchblicken. Erst war es mir völlig unangenehm, mir überhaupt einzugestehen, dass ich krank war. Dann kam eine Phase, in der es so offensichtlich war, dass ich es mir eingestehen musste. Dann gab es eine lange Zeit, in der ich nicht wollte, dass jemand davon erfährt. Bei der Jobsuche wurde es irgendwann kompliziert. Ich hatte Unterbrüche im Lebenslauf, die ich immer wieder irgendwie erklären musste. Bei den darauffolgenden Vorstellungsgesprächen wurde es dann noch komplizierter, da meistens noch detaillierter nachgefragt wurde. Bei Freunden sah es ähnlich aus. Wenn ich gefragt wurde, weshalb ich nicht beim Fest dabei war, sagte ich oftmals, ich hätte die Grippe gehabt oder andere Verpflichtungen. Immer wieder versuchte ich, überall Ausreden zu finden, damit ich nichts von der Depression sagen musste.

Ich hatte anfangs auch oft das Gefühl, dass ich selbst was falsch gemacht hatte. Einige meiner ersten Psychiater hatten mir erklärt, dass meine Depression, wie alle Depressionen, durch Verhaltenstherapien verschwinden würden. Es klang damals für mich zwar schon wie ein Märchen, aber ich dachte damals auch immer noch, dass Psychiater sehr gut ausgebildet seien und entsprechend schon wüssten, wovon sie sprechen. Auf diese Aussagen hin hatte ich mir natürlich eingeredet, dass sich meine Depression bessern werde, wenn ich mich anders verhalte. Das wäre ja auch nachvollziehbar, wenn eine Verhaltensänderung durch die Therapie gesund machen könnte. Also muss es ja an mir und meinem falschen Verhalten gelegen haben, dass ich überhaupt erst an einer Depression erkrankt bin. Dann kamen die Schuldgefühle erst recht. Ich dachte, ich sei schuld daran, dass ich depressiv sei. Und immer wieder traf ich auf Menschen in meinem Umfeld, ob privat oder im Geschäft, die einfach nicht verstehen konnten, was eine Depression ist. Sie meinten dann jeweils, ich müsse mich doch nur zusammenreissen. Ich müsse mehr an die frische Luft. Ich müsse mehr Sport machen. Ich müsse weniger von mir selbst verlangen. Etliche Tipps habe ich von jeglichen Leuten erhalten. Und einige dieser gutgemeinten Ratschläge hatten mich, vor allem anfangs der Krankheit, negativ sehr beeinträchtigt. Es führte zu sehr vielen Selbstzweifeln und dazu, dass ich noch stärker dachte, dass ich was falsch mache. Es hatte mir niemals einen Ansporn gegeben, sondern mich immer weiter zweifeln lassen. Ich hatte immer versucht, zu akzeptieren, dass andere Leute nicht wissen, was eine Depression ist. Aber ich hoffte immer auf Verständnis und darauf, dass man mir eben glaubt, dass ich daran leide. Und mit der Zeit hatte ich dann nur noch gehofft, dass sie mir glauben, dass meine Psychiater mich mit Depression diagnostizieren. Zwischendurch gab es Monate, in denen ich froh war, wenn ich niemandem was sagen musste. Oder wenn mich auch niemand gefragt hatte, wie es mir geht. Bei vielen Fragen nach meinem Befinden hatte ich einfach die Standard-Antwort gegeben: "Ja, es geht. Und dir?" und hoffte dann, dass keine weiteren Fragen dazu kamen. Ich hoffte, das Thema sei somit beendet. An schlechten Tagen war es mir dann gar nicht wohl dabei, so zu antworten, wenn es doch überhaupt nicht stimmte. Aber ich konnte es auch nicht ertragen, dass jemand fragen würde, wieso es mir denn schlecht gehe. Dann kämen nämlich sofort wieder eine Reihe guter Tipps und Ratschläge, was ich besser machen könnte. Und das nervt oftmals. Man weiss ja, dass es einem guttun würde, wenn man spazieren gehen würde, sich mit Freunden treffen würde oder gesund essen würde. Man ist sich dessen ja bewusst. Aber man kann es eben einfach nicht umsetzen. Und wenn man es umsetzen könnte, wäre man ja gar nicht depressiv. Die Depression zeigt sich ja unter anderem dadurch, dass man Dinge eben nicht mehr tun kann. Und auch wenn man genau weiss, was gut wäre, kann man genau dies nicht umsetzen.

Aber es gab auch Phasen, in denen es mir zu blöd war, mich zu verstellen oder zu lügen. Ich sagte dann einfach, wie es mir wirklich ging. Aber dies war auch keine gute Strategie. Somit musste ich bei vielen Freunden erkennen, dass diese überhaupt keine Ahnung haben, wie sie damit umgehen sollen. Einige Kollegen waren regelrecht erschrocken über die Antwort, da sie eigentlich nur höflichkeitshalber gefragt hatten und gar nicht wirklich wissen wollten, wie es mir geht. Ich hatte teilweise das Gefühl, ich müsste testen, wie die Leute reagieren. Und teilweise empfand ich es als Spiel oder Herausforderung, mich den Fragen zu stellen. Aber häufig war es einfach nur mühsam. In einigen Geschäften, in denen ich gearbeitet hatte, war es auch oft so, dass ich von den Arbeitskollegen Sätze zu hören bekam wie: "Och, du hast Depressionen? Ich würde auch gerne einfach ein paar Wochen zuhause herumliegen, anstatt zu arbeiten. Ich habe nur vier Wochen Urlaub im Jahr. Du kannst einfach zum Arzt gehen und der stellt dir ein Zeugnis aus. Und so kannst du so lange Urlaub machen, wie du möchtest.". Diese Unterstellungen, dass ich einfach Urlaub mache, gingen mir richtig auf die Nerven. Das war dermassen verletzend, dass man sich es fast nicht vorstellen kann. Wie gerne hätte ich mit diesen Mitarbeitern getauscht? Meistens sagte ich ihnen auch gleich, wenn sie mit solchen Sprüchen kamen, dass sie sehr gerne mit mir tauschen können. Ich sagte dann jeweils, sie könnten meine Depression sehr, sehr, sehr gerne haben. Ich würde liebend gerne an ihrer Stelle arbeiten. Das hätte ich auch wirklich liebend gerne getan, wenn ich es gekonnt hätte. Ich erklärte dann auch, dass es kein Urlaub sei, zuhause im Bett zu liegen und nicht aufstehen zu können. Oder so bedrückt zu sein, dass man den ganzen Tag über nur weint und man nur noch verzweifelt ist. Oder wenn man die ganzen psychosomatischen Beschwerden hat. Oder man einfach nur leidet. Oder man einfach nur hofft, dass die Depression nicht so schlimm wird, dass man wirklich nicht mehr kann. Viele Leute verstehen das leider nicht. Und dass Psychiater einfach ein Zeugnis ausstellen, dass man nicht zur Arbeit muss, kann man auch gleich mal wieder vergessen. Jedenfalls nicht bei mir. Ich hätte ja in den 10 Jahren haufenweise Psychiater dazu bringen müssen, mir falsche Zeugnisse auszustellen. Also auch jemand, der es nicht glaubt, kann wohl nicht denken, dass dies zutreffend sein könnte. Und wieso denken einige Leute immer, dass es schön sei, nicht zu arbeiten? Urlaub für einige Wochen ist ganz klar schön. Aber für längere Zeit nicht zu arbeiten, ist überhaupt nicht schön. Da verstehe ich niemanden, der freiwillig lange Zeit nicht arbeiten gehen will. Das wird mir immer ein Rätsel bleiben, wie es Leute geben kann, die am liebsten nicht arbeiten gehen würden. Und es wird mir auch immer ein Rätsel bleiben, wieso es Leute gibt, die psychische Erkrankungen nicht als solche anerkennen wollen oder denken, dass psychisch Kranke das vorspielen. Aber es gibt halt einfach solche Menschen. Aber zum Glück gibt es ja auch die anderen, welche das alles verstehen.

Ja, ich hatte mich in den verschiedenen Phasen immer wieder anders verhalten, im Hinblick auf meine Krankheit und im Hinblick auf meine Mitmenschen. Und auch meine Einstellung den Psychiatern gegenüber hat sich immer wieder geändert oder sich angepasst. Ich musste mich ja schliesslich in den letzten zehn Jahren während der meisten Zeit regelmässig in therapeutische Behandlung begeben, also etwa alle ein bis zwei Wochen zu einem Psychiater gehen. Immer und immer wieder. Der eine sagte, ich werde durch Medikamente gesund, der andere war so von sich überzeugt, dass er anfangs schon meinte, die Behandlung bei ihm dauere nur ein paar wenige Monate, dann sei ich nicht mehr depressiv. Einige wenige waren von Anfang an ehrlich und sagten zu mir, dass sie auch nicht wissen, wie die Therapie anschlagen würde, aber sie würden versuchen zu erreichen, dass es mir besser gehe. Bei einigen Therapeuten bemerkte ich auch, dass sie nicht wussten, wie sie mich behandeln sollen. Sie fingen eine Art der Therapie an, wechselten dann ihre Strategie, probierten was anderes aus, änderten dann zu der nächsten Behandlungsmethode und kehrten schlussendlich zur Ausgangstherapieart zurück. Dass ich da völlig verwirrt wurde, ist wohl nachvollziehbar. Ich wusste jeweils nicht, wie der Psychiater beim nächsten Termin auf mich reagieren würde. Will er mich jetzt wieder testen? Will er prüfen, wie weit er Vorschriften machen kann? Will er heute wieder herausfinden, wie ich mich wehren kann und meine Bedürfnisse kommunizieren kann? Möchte er heute herausfinden, wo mein Selbstwertgefühl gerade ist? Möchte er wieder einmal in meine Kindheit zurück? Hat er neue Ideen oder Anhaltspunkte sammeln können, als ich das letzte Mal da war? Ich wusste bei einigen Psychiatern wirklich nie, was auf mich zukommen würde. Und das teilweise jede Woche. Immer und immer wieder darüber reden, wie es früher war, wie es jetzt ist, was die vergangene Woche passiert war, wie ich mich momentan fühle und so weiter. Immer und immer wieder. Und dann wechselt der Psychiater wieder, weil er beispielsweise seine Arbeitsstelle wechseln möchte. Dann musste ich wieder die ganze Geschichte neu erzählen, wieder einen neuen Psychiater kennenlernen und wieder eine Art Vertrauen aufbauen. Dann hatte ich eine Psychiaterin, die ich nicht schlecht fand. Ich lernte sie kennen, sie lernte mich und meine Geschichte kennen und dann fing ich ihr an zu vertrauen. Eigentlich alles gut. Aber, bei meinem Glück, wurde diese schwanger und hörte auf zu arbeiten. Und ich musste wieder wechseln. Und wieder wurde ich ausgequetscht über meine Kindheit, meine Jugend, weshalb ich denke, dass ich eine Depression habe und viele Themen, die einfach immer wieder besprochen werden mussten. Und teilweise hatte ich einfach nur noch genug davon. Irgendwann kamen die Phasen, in denen ich einfach nicht mehr über alles reden wollte. Es ist so anstrengend, ständig zu analysieren, weshalb man was wie gemacht hat. Teilweise wünschte ich mir einfach, dass ich nur einfach leben könnte und versuchen könnte, Sachen zu machen, die mir guttun und helfen, anstatt immer alles zu überdenken und mitzuteilen. Teilweise wünschte ich mir einfach, dass die Fragerei aufhören würde. Das ständige Einmischen in mein Leben ging mir eine Zeit lang wirklich völlig auf die Nerven. Therapien sind nichts Angenehmes. Teilweise sind sie sehr anstrengend. Sie verlangen einem viel ab. Vor allem sind sie dann nicht angenehm, wenn sie keine Besserung hervorrufen und man den Sinn darin nicht sieht.

Heute sehe ich alles ein bisschen anders. Nicht viel positiver, was die Unterstützung einer Therapie angeht, aber mir ist mittlerweile klar geworden, dass ich einfach in die Therapie muss. Nicht, weil es mir guttut oder es mir hilft, sondern einfach deshalb, weil es Vorschrift ist. Und wenn es dann noch etwas hilft, um so besser. Und nun habe ich auch einen Psychologen, der das auch so sieht. Er sagt auch, dass ich an einigen Tagen eben nur einfach einen Gesprächspartner habe und an anderen Tagen können wir vielleicht dann etwas erarbeiten, das hilft. Aber er erwartet nicht, dass jeder Termin bei ihm hilft. Und er behauptet auch nicht, ein Allheilmittel zu haben. Er ist einfach für mich da. Und wenn es mir etwas bringt, ist es umso besser. Wenn nicht, ist es auch gut.

Auch meine Einschätzung der ganzen Situation hat sich geändert über die Jahre. Ich kann nun dazu stehen, dass ich eben eine schwere Depression habe. Ich kann zugeben, dass ich daran leide. Und wenn es einer nicht verstehen will, ist es eben so. Das Einzige, worauf ich immer achten muss, ist, dass die Versicherung oder die Gutachter mich richtig einschätzen. Alle anderen interessieren mich oftmals nicht mehr so wie früher. Also, die lieben Menschen, die Verständnis aufbringen, interessieren mich natürlich sehr. Aber die Leute, die mich nicht verstehen wollen, kann ich nicht ständig aufklären darüber, was eine Depression ist. Teilweise kann ich es und finde, dass ich es versuchen muss, aber dann gibt es auch Zeiten, in denen ich einfach keine Kraft dafür habe und mir denke, dass ich diese Personen wohl eh nicht vom Gegenteil überzeugen kann. Wenn Leute nicht darüber Bescheid wissen wollen, kann ich sie ja nicht dazu zwingen. Manchmal habe ich keine Nerven, um ignoranten Personen beizubringen, dass eine psychische Krankheit einerseits eben eine Krankheit ist und dass andererseits auch die Patienten wirklich Patienten sind und sich weder etwas ausdenken noch zwingend dazu beigetragen haben. Wie gesagt gibt es Menschen, die an psychischen Erkrankungen leiden, ohne vorherigen Auslöser, ohne Probleme, ohne Belastungen und ohne traumatische Erlebnisse. Es gibt Menschen, bei denen im Gehirn einfach etwas anders abläuft oder anders vorhanden ist. Und diese Patienten haben die Krankheit nicht durch Fehlverhalten oder Sonstiges bekommen, sondern einfach so, wie wir alle teilweise Krankheiten bekommen. Einfach so.

Mittlerweile habe ich auch nicht mehr eine solche Hochachtung, wenn man dies so nennen will, vor Ärzten oder Psychiatern. Auch diese Einschätzung hat sich stark geändert. Es ist ja klar, dass Erlebtes die Einschätzung mitprägt. Und bei so vielen Erlebnissen mit Ärzten und Psychiatern ist meine Meinung halt mittlerweile so, dass es einige gute davon gibt, aber auch etliche, die keine Ahnung haben, was sie tun. Ich meine, wenn ich an die eine Klinik zurückdenke, in der ein Chefarzt meinem Sohn sagte, er sollte keinen Traubenzucker bei sich haben, da er Diabetiker sei und aber genau dieser Traubenzucker immer in der Hosentasche meines Sohnes dabei sein muss, weil er Typ-1-Diabetiker ist, dann könnte man schon an der Ausbildung oder dem Wissen dieses Arztes zweifeln, sogar stark zweifeln. Oder wenn meinem Sohn beispielsweise der Puls gemessen wird, nachdem er etliche Treppen hinaufrennen musste, und dann mitgeteilt wird, dass der Puls 500 betrage, zeugt das auch nicht gerade von korrektem Umgang mit Patienten. Daraufhin wurde meinem Sohn dann auch sofort ein Medikament verabreicht, um den Puls zu senken. Man stelle sich das mal vor. Das hätte sehr gefährlich ausgehen können. Sie hatte ihm ja nicht den Ruhepuls gemessen. Und einen Puls von 500 scheint mir auch völlig unrealistisch. Aber ich bin keine ausgebildete Medizinerin. Die Person, die gemessen hatte, aber schon. Leider haben ich und mein Sohn schon etliche Mediziner getroffen mit unserer Krankengeschichte, die einem grosse Sorgen machen könnten. Aber es gibt, wie erwähnt, auch gute. Aber mein blindes Vertrauen ist jedenfalls nicht mehr da. Ich habe nun immer ein Auge offen, oder so.

Meine Ansicht über meine Depression ist mittlerweile in etwa so, dass ich nicht mehr wirklich daran glaube, dass diese einmal geheilt sein wird. Vor Jahren war das mein Ziel, also ohne die Depression leben zu können. Mittlerweile denke ich nur noch, dass ich versuchen muss, mit der Depression einigermassen leben zu können. Die Hoffnung, dass ich ganz gesund werde, habe ich mittlerweile verloren. Es wäre auch nicht realistisch. Ich habe schliesslich mittlerweile eine chronische Depression, nur gibt es diesen Ausdruck nicht offiziell in der Medizin. Dort heisst sie wiederkehrende Depression. Und doch ist es bei mir zu einer chronischen Erkrankung geworden. Ja, ich musste mir irgendwann einfach eingestehen, dass es nicht so aussieht, als würde meine Depression jemals weggehen. Und so ändert sich die Einschätzung und das Verhältnis zur Depression ständig weiter.

Meine Offenheit mit der Depression kam auch nur langsam. Zu Beginn der Erkrankung wollte ich ja nicht, dass jemand davon erfährt. Mittlerweile lerne ich dadurch, dass ich offen damit umgehe, eher Leute kennen, die Verständnis dafür haben. Sobald ich davon zu erzählen beginne, bemerke ich, ob jemand aufgeschlossen ist oder absolut kein Interesse daran hat, etwas über psychische Erkrankungen zu hören. Und so kommt es ab und zu zu sehr interessanten Gesprächen. Einige Bekannte fragen mich, was sie denn tun könnten, wenn ihnen jemand klagt, wie schlecht es ihm gehe. Andere wissen nicht, wie sie einem Depressiven gegenübertreten sollen. Einige sind einfach nur froh, dass ich ihnen etwas von der Krankheit aus meiner eigenen Erfahrung berichte. Andere Depressive sind beispielsweise sehr froh, wenn sie hören, dass sie nicht die Einzigen sind, denen es so geht.

Es gibt allerdings immer noch viele Leute, die denken, dass eine Depression nur so etwas wie schlechte Laune oder Faulheit sei. Oder sie denken, dass Depressive keinen Job machen wollen und deshalb den Ärzten was vorspielen. Oder sie denken, Depressive hätten dies ja schliesslich selbst herbeigeführt, weil sie sich gerne schlecht fühlen oder gerne umsorgt werden. Und doch muss ich zugeben, dass sich in den letzten zwanzig Jahren, in denen ich mit psychischen Krankheiten stets in engen Kontakt gebracht wurde, sehr stark geändert hat. Vor zwanzig Jahren, als mein Bruder erstmals daran erkrankte, hörte man noch nicht viel von psychischen Krankheiten. Es war ein abstraktes Thema für viele Leute. Man hatte viel mehr Angst, jemanden danach zu fragen, darüber zu reden oder über seine Erfahrungen zu berichten. Viele psychisch Kranke wurden einfach als gestörte Menschen angeschaut. Viele hatten Angst vor den Erkrankten. Viele wussten überhaupt nichts von psychischen Erkrankungen. Mittlerweile gibt es einige Leute, die aufgeschlossen sind und sich dafür interessieren, wie es denn einer depressiven Person beispielsweise geht. Und viele Leute verstehen zum Glück mittlerweile, dass es eine Krankheit ist und dass diese nichts mit Faulheit zu tun hat. Viele verstehen, dass Depressive wirklich sehr leiden. Das ist eine gute Veränderung, finde ich. Von mir aus könnte dieser Weg so weitergehen. Von mir aus dürften sich Menschen noch mehr darüber unterhalten, einander Einblicke geben und das Tabuthema mehr ansprechen. Ich denke, es würde vielen Patienten helfen. Es ist einfacher, wenn die Leute im Umfeld eines Depressiven wenigstens ein bisschen Ahnung von der Krankheit haben. Das macht es einfacher, miteinander umzugehen, einander zu helfen, füreinander da zu sein und mehr Verständnis füreinander zu haben. Es würde für Depressive einfacher, wenn sie nicht ständig erklären müssten, was eine Depression ist. Und mehr Verständnis aufzubringen für die Mitmenschen ist doch immer eine gute Sache. Man kann schliesslich durch solche Gespräche auch einige Sachen über sich selbst herausfinden oder Erkenntnisse erlangen, die man sonst nie gehabt hätte. Ich kenne einige Personen, die nach den Gesprächen mit mir zuerst aufgewühlt waren, dann aber begannen, über einige der Themen nachzudenken und mir dann später mitteilten, wie froh sie seien, mit mir gesprochen zu haben. Es hätte ihnen eine ganz neue Ansicht zu vielen Dingen gegeben. Es hätte sie sehr bewegt. Sie hätten Dinge in ihrem Leben in ein anderes Licht rücken können. Und sie hätten sich für Dinge öffnen können, die sie ohne meine Offenheit nicht an sich herangelassen hätten. Das ist doch etwas sehr Positives für alle. Wenn ich dadurch, dass ich darüber offen spreche, eine Person darauf aufmerksam machen kann und diese Person dann beispielsweise einem Menschen mit psychischer Erkrankung netter oder verständnisvoller gegenüber tritt, ist das doch wunderbar. So kann ich vielleicht den einen oder anderen davor beschützen, verletzt zu werden. Jedenfalls wäre das so eine erwünschte, positive Begleiterscheinung.

Durch die Rückmeldungen meiner ersten beiden Büchern habe ich bemerkt, dass einige meiner Kunden das Buch einfach sehr interessant gefunden haben. Sie sagten, sie hätten sonst niemals einen solchen Einblick haben können. Und das hilft doch einfach allen. Je mehr solcher Rückmeldungen ich bekomme, desto eher denke ich, dass es wichtig ist, Leute mehr aufzuklären und sensibler zu machen im Umgang mit Depressiven. Wenn ein Mensch nun nicht mehr zu einem Depressiven sagt, er solle sich gefälligst zusammenreissen, weil er durch meine Offenheit vielleicht eher versteht, dass der Depressive nicht kann und es nicht kein Wollen ist, dann habe ich immerhin einem Depressiven geholfen, nicht genervt zu sein oder es zu oft hören zu müssen. Ich bin entsprechend froh, dass ich mittlerweile darüber reden kann und ich mich nicht mehr schäme wegen der Krankheit. Ich habe erkannt, dass ich nichts dafür kann, dass ich an dieser Krankheit leide. Es ist wie bei vielen Krankheiten, die man einfach bekommen kann, ohne dass man was dafür kann. Und so kann es auch jedem Menschen passieren, an einer Depression zu erkranken. Klar, einige haben vielleicht eine genetisch bedingte, höhere Wahrscheinlichkeit, an einer psychischen Störung zu erkranken, aber treffen könnte es eigentlich jeden. Und jeder wäre dann froh, wenn andere ihn besser verstehen würden.

Eigentlich sollten wir doch alle einfach mehr Rücksicht aufeinander nehmen. Eigentlich sollten wir doch einfach nett zueinander sein. Eigentlich sollten wir psychisch Kranke unterstützen oder unsere Unterstützung anbieten. Es gibt natürlich Patienten, welche die Hilfe nicht annehmen wollen oder können, weil sie denken, das würde eine Art Schwäche zeigen. Aber ich finde es eine Stärke, um Hilfe zu bitten, wenn man Hilfe benötigt. Ich finde es auch eine Stärke, seine Hilfe anzubieten. Ich habe durch viele Bekannte, die psychische Probleme haben, gesehen, dass kleine Aufmerksamkeiten viel bewirken können. Für einen Depressiven kann es beispielsweise enorm wichtig sein, zu hören, dass er eine bestimmte Person anrufen kann, wenn er in einer Notlage ist. Und dann braucht man oft nicht mehr zu tun, als zuzuhören. Und denkt auch daran, wie toll man sich fühlt, wenn man jemandem helfen kann. Und genau dies sollte man auch beachten, wenn man um Hilfe bitten möchte, nämlich, dass man es darf, da der andere vermutlich gerne helfen wird. So kann man durch die Frage nach Hilfe jemand anderem eine Freude machen, der dann helfen darf. Eigentlich braucht es, wie gesagt, nicht viel, um anderen Menschen eine Freude zu machen. Und für Depressive kann jede Art Freude einen entscheidenden Unterschied machen.

Ich hoffe, es war spannend und vielleicht auch aufklärend. Ich hoffe, es hilft Betroffenen, deren Familien und auch Personen, die noch nicht damit konfrontiert wurden. Ich hoffe, es hilft euch. Und nun kann ich EIGENTLICH nur nochmals DANKE sagen und euch alles Gute wünschen. Bleibt stark!

9. Eine Art Ratschläge, die ich im Umgang mit Depressiven geben würde

Aus meinen Erfahrungen zusammengetragen. Hilfreich für Depressive, Angehörige, Bekannte. EIGENTLICH für alle.

Für Depressive:

Lasst euch nicht unterkriegen. Redet über eure Gefühle, über eure Probleme, sucht euch Hilfe (bei Psychologen, Psychiatern, Therapeuten, Selbsthilfegruppen, Verwandten, Bekannten, anderen depressiven Personen, Hilfsorganisationen oder in Büchern).

Macht euch keine Vorwürfe, dass ihr an dieser Erkrankung leidet. Die Depression ist eine Krankheit. Man kann nichts dafür, dass man daran leidet. Gebt nicht auf. Kämpft für euer Recht. Bittet um Verständnis, wenn dies nicht gegeben wird. Versucht, die Krankheit zu akzeptieren und damit umzugehen. Und gebt die Hoffnung nicht auf, dass die Krankheit besiegt werden kann. Versucht stets durchzuhalten, bis die Besserung eintritt. Denkt daran, dass die Phase, in der ihr steckt, wieder vorbeigehen wird. Und die nächste Phase könnte so viel besser sein, dass es sich lohnt. Ich wünsche viel Kraft. Vergisst nicht, dass ihr stark seid. Seid mutig, haltet durch und macht das Beste aus eurer Situation.

Für Angehörige/Bekannte:

Zeigt Verständnis. Zeigt, dass ihr die depressive Person und ihre Ängste, Probleme, Herausforderungen und Gefühle ernst nehmt. Spielt diese nicht herunter, da dies sehr verletzend sein kann. Überdramatisiert aber die ganze Sache auch nicht. Seid einfach da für die Person. Zeigt ihr, dass es Hilfe und Unterstützung gibt. Macht Depressive darauf aufmerksam, dass es therapeutische Hilfe gibt und dass es keine Schande ist, professionelle Hilfe auch anzunehmen. Bietet auch eure Hilfe an. Nicht aufdrängen, aber anbieten. Zum Beispiel könnte man anbieten, zusammen kleine Sachen zu unternehmen, kurze Spaziergänge zu machen, einkaufen zu gehen oder im Haushalt zu helfen. Bitte versteht aber auch, wenn dies abgelehnt wird. Es ist ein schwieriger Schritt für eine depressive Person, diese Art von Hilfe anzunehmen, da es gleichzeitig heisst, dass man es nicht mehr alleine hinkriegt. Das zu akzeptieren oder zuzugeben benötigt Zeit. Man darf aber gerne sagen, dass jeder ab und zu Hilfe benötigt und man eben auch danach fragen darf und die Unterstützung auch annehmen darf. Nicht überfordern, aber zeigen, dass man gerne helfen würde, wenn es erwünscht ist.

Sollte eine depressive Person einmal abweisend reagieren, vielleicht sogar frech werden, zeigt bitte auch dafür Verständnis, so gut es geht. Und nimmt es der Person nicht übel.

Ich hatte beispielsweise meine Mutter auch schon von meiner Tür weggeschickt, da ich einfach niemanden ertragen konnte. Ich musste damals einfach alleine sein. Und ich hatte keine Möglichkeit, mir eine nette Art und Weise zu überlegen, ihr dies zu sagen. Ich war so mit mir selbst beschäftigt, dass ich sie wohl ziemlich unfreundlich rausgeschmissen hatte. Aber sie zeigte Verständnis. Und das war für mich sehr wichtig.

Sagt der Person nicht, dass sie es eigentlich doch gut hätte und zählt keine Sachen wie Geld, Wohnung, Arbeit usw. auf, um zu zeigen, dass sie es doch eigentlich gut habe, sie doch eigentlich glücklich sein sollte oder sich eigentlich glücklich schätzen müsste. Die depressive Person selbst hat vermutlich selbst schon viele Probleme damit, dass sie das weiss, aber eben

genau dies nicht kann. Sie kann sich vermutlich nicht freuen, dass sie eine Wohnung hat oder dass die Sonne scheint. Das macht ja die Krankheit aus. Und mit diesen Hinweisen und Tipps bewirkt man nicht, dass die Person anders denkt oder fühlt. Es führt eher dazu, dass die Person sich noch schlechter fühlt oder noch mehr Schuldgefühle hat. Also eher sein lassen oder darum bitten, einem zu erklären, wie das denn für die Person ist oder fragen, ob sie darüber reden möchte. So kann man zeigen, dass die Person einem wichtig ist, dass man ehrliches Interesse hat und dass man versucht, die Person oder die Krankheit zu verstehen.
Ich finde es auch wichtig, dass man der Person sagt, dass sie einem sagen soll, wenn eine Gefährdung besteht. Mein Sohn beispielsweise hat mit mir eine Abmachung getroffen, dass er mir immer offen und ehrlich sagen würde, wenn er sich selbstmordgefährdet fühlt oder die Depression in eine ganz extreme Phase rutscht. Natürlich kann ich, sogar als Mutter, meinen Sohn nicht davor bewahren, aber ich finde es wahnsinnig wichtig, dass er offen mit mir darüber sprechen kann, damit ich auch entsprechend reagieren kann. Ein Selbstmord oder eine Selbstverletzung kann man nicht immer verhindern. Man kann ja niemanden 24 Stunden am Tag beobachten und kontrollieren. Und teilweise ist beispielsweise eine Selbstverletzung, wie das vielleicht schon gehörte Ritzen, der einzige Weg für Erkrankte, sich selbst überhaupt noch zu spüren oder sich selbst wahrzunehmen. Sich aber keine Vorwürfe machen, wenn man es nicht verhindern konnte. Das hilft niemandem.
Solche Situationen sind ernst zu nehmen. Je nachdem, wie schlimm es ist, kann man den Notruf wählen. Vor allem aber solltet ihr mit Betroffenen sprechen und versuchen, herauszufinden, was sie benötigen. Aber bitte lasst die Person in einer solchen Situation nicht unbeaufsichtigt und nicht alleine. Lasst die Person wissen, dass ihr da seid. Ich weiss, dass diese Situation sehr schwierig ist. Ich war schon des Öfteren in dieser Situation. Man muss teilweise Dinge tun oder Entscheidungen treffen, die einem selbst gar nicht passen und sehr schwer fallen. Aber teilweise muss genau das sein. Habt Mut, um anderen zu helfen, wenn es nötig ist. Zeigt aber immer genügend Respekt. Und versucht herauszufinden, wie es wirklich um die Person steht und was sie benötigt. Meistens weiss die Person dies genau.
Holt euch Informationen über die Krankheit. Je besser ihr Bescheid wisst, je eher könnt ihr helfen, verstehen und unterstützen. Auch gibt es viele Angebote für Angehörige von Depressiven. Auch diese können genutzt werden. Es kann nämlich passieren, dass man selbst, wenn man einer depressiven Person helfen will oder im nahen Umfeld kennt, an seine eigenen Grenzen stösst. Auch da gibt es Gruppen mit Gleichgesinnten oder Informationsmaterial. Oder auch therapeutische Unterstützung, wenn nötig. Man sollte die Kraft, die man teilweise aufbringen muss, nicht unterschätzen. Habt Geduld. Mit euch selbst. Mit der depressiven Person. Mit der Erkrankung. Verliert nicht die Hoffnung, dass alles besser werden könnte.
Auch meine Bücher können helfen. Depressiven kann es helfen, zu lesen, dass es mir vielleicht ähnlich geht wie ihnen. Es kann beruhigen, zu wissen, dass man nicht die einzige Person ist, der es so geht. Auch können meine Bücher vielleicht Angehörigen helfen, die Krankheit besser zu verstehen und somit mehr Mitgefühl und Verständnis aufzubringen. Ich habe viel Spannendes, Trauriges, Interessantes, Erstaunliches und Schwieriges erlebt.

Erzählt euren Freunden von meinen Büchern. Vielleicht besteht auch bei ihnen Interesse.

Nun wünsche ich euch EIGENTLICH einfach nur noch alles Gute. Passt auf euch auf.

MIX
Papier | Fördert gute Waldnutzung
FSC® C083411

Zeitfracht Medien GmbH
Ferdinand-Jühlke-Straße 7
99095 Erfurt, Deutschland
produktsicherheit@kolibri360.de